月谷集

이 책은 2017·2018년도 정부(교육부)의 재원으로 한국고전번역원의 지원을 받아 수행된 '권역별거점연구소협동번역사업'의 결과물임
This work was supported by Institute for the Translation of Korean Classics-Grant funded by the Korean Government

韓國古典飜譯院 韓國文集校勘標點叢書

# 月谷集 2

吳瑗 著

朴在錦 校點
李恩英
洪學姬

# 凡例

**本文**

1. 이 책은 吳瑗의 文集인 《月谷集》을 標點·校勘한 것이다.
2. 이 책의 底本은 韓國文集叢刊 第218輯에 실린 《月谷集》이다
3. 原底本은 1752년에 芸閣活字로 간행된 初刊本이다. 그 所藏處는 서울대학교 奎章閣(圖書番號 : 奎5854)이다.
4. 校勘에 사용된 주요 參考資料는 다음과 같다.
   - 文穆公遺稿 : 吳瑗 撰, 고려大學校 中央圖書館 소장(圖書番號 : D1-A2404)
   - 江漢集 : 黃景源 撰, 韓國文集叢刊 224-225, 國立中央圖書館 소장(圖書番號 : 일산古3648-文94-12), 民族文化推進會, 1999.
   - 雷淵集 : 南有容 撰, 韓國文集叢刊 217-218, 서울大學校 奎章閣 소장(圖書番號 : 奎2900), 民族文化推進會, 1998.
   - 晉菴集 : 李天輔 撰, 韓國文集叢刊 218, 서울大學校 奎章閣 소장(圖書番號 : 奎4081), 民族文化推進會, 1998.
5. 對校, 本校, 他校를 통해 저본의 잘못이 명백히 증명되는 경우에는 본문을 고치고 교감기를 달았다.
6. 典據는 없으나 일반적인 용례, 또는 문맥에 비추어 저본의 잘못이 명백한 경우에는 본문을 고치고 교감기를 달았다.
7. 本文의 誤謬로 의심 가는 점이 있으나 根據할 만한 對照本이 없을 경우에는 校勘記에 그 내용만 언급하였다.
8. 本文에 쓰인 異體字 가운데 현재 일반적으로 通用되지 않는 글자는 모두 代表字로 고쳐 쓰고 校勘記는 달지 않았다. 代表字 판단은 《한어대사전(漢語大辭典)》을 따랐으며, 한국고전번역원의 '이체자 정보 검색 시스템'을 참조하였다.
9. 板刻이나 筆寫 과정에서 관행적으로 通用하던 글자는 文脈에 맞게 고쳐 쓰고 校勘記는 달지 않았다.

예) 己 已 巳, 簫 蕭

10. 이 책에 사용된 標點符號는 다음과 같다.

| | |
|---|---|
| 。 | 疑問文과 感歎文을 제외한 文章의 끝에 쓴다. |
| ? | 疑問文의 끝에 쓴다. |
| ! | 感歎文이나 感歎詞의 끝, 강한 語調의 命令文·請誘文·反語文의 끝에 쓴다. |
| , | 한 文章 안에서 일반적으로 句의 구분이 필요한 곳에 쓴다. |
| 、 | 한 句 안에서 竝列된 單語 사이에 쓴다. |
| ; | 複文 안에서 구조상 분명하게 竝列된 語句 사이에 쓴다. |
| : | 완전한 引用文의 경우 引用符號와 함께 쓰거나, 話題 혹은 小標題語로서 文章을 이끄는 語句 뒤에 쓴다. |
| " " ' ' | 직접 引用된 말이나 强調해야 하는 말을 나타내는 데 쓰되, 1차 引用에는 " "를, 2차 引用에는 ' '를, 3차 引用에는 「 」를 쓴다. |
| 【 】 | 原文의 註를 나타내는 데 쓴다. |
| · | 書名號(《 》) 안에서 書名과 篇名 등을 구분하는 데 쓴다. |
| 《 》 | 書名, 篇名, 樂曲名, 書畫名 등을 나타내는 데 쓴다. |
| ____ | 人名, 地名, 國名, 民族名, 建物名, 年號 등의 固有名詞를 나타내는 데 쓴다. |
| □ | 빠진 글자의 자리에 쓴다. |
| ▨ | 毁損된 글자의 자리에 쓴다. |

**目次**

1. 目次는 底本의 目錄과 관계없이 별도로 整理·收錄하였다.
2. 本文에 제시된 題目을 그대로 싣는 것을 원칙으로 하였다.
3. 題目 아래 附記된 紀年·人名·篇數 등은 原註로 처리하였다.

## 目次



# 月谷集 卷六

## 疏箚



# 月谷集 卷七

## 疏箚

## 月谷集 卷八

### 疏箚



### 應製錄

# 月谷集 卷九

## 序

## 題跋



## 記

# 月谷集 卷十

## 記



# 月谷集 卷十一

## 書

月谷集

# 卷六

## 疏箚

# 疏箚

## 辭司書兼陳所懷疏【戊申】

伏以臣伏蒙恩由，歸榮先墓，澆奠之賜，復出殊眷，光生松梓，榮溢泉塗。生死隕結，不足以少酬洪渥，瞻望宸極，惟有感泣而已。

顧臣蒙騃之實、叨濫之愧，前章所陳，非敢爲一毫曼辭，而卒未承聖明之兪許，是殿下視臣言爲一場虛讓也。誠意之未格，臣實慙焉。

況今拘牽私故，來伏鄕村，其間胄筵之開輟、睿學之勤懈，邈焉無由承聞，夢寐耿耿。長在銅闈、鶴禁之間，而瘝曠有罪，食息靡寧，此臣所以初不敢乞暇而乞解官者也。抑臣尙有切急私懇，除非遞此職任，無以伸此情理，輒敢冒昧而陳之。

臣祖父以上累世墳塋俱在陽城地，距臣所住不過一日程耳。榮墳之禮，人情所重，而乞遞不得，有職縻身，則夤緣恩暇，費日私行，終覺懍惕不安。莽蒼之地，將不得一往省拜以爲丘壟榮，子孫情理，悲慕迫切，當如何哉？區區私願，惟望速解見職，得以畢伸私情。

伏乞聖明諒臣不肖不合此任，察臣此任不容暫曠，亟許遞臣所叨職名， 則臣之微分庶得粗安， 而懇迫情私兼可以自遂矣。

臣方求解講職，不宜復瀆他說，而竊惟念我王世子年方就傅，睿質英明，進修學業，成就德器，此正不可失之機會。

伏想殿下深惟宗社之重，凡其提撕教諭靡不用極者，必無待於臣下之言矣。然前後章牘，以教導春宮爲言者不可一二數，而自其外面觀之，訖無深見施行之實。今欲養溫文之質、究帝王之學，用爲治平之根基者，誠不宜疎緩若此也。

臣愚死罪。 未敢知宮庭之間教廸之方亦只如斯而已乎? 塵土微臣受恩罔極， 亦嘗出入离筵， 承荷眷顧， 而違離宮門，今旣有日，忠愛之忱，益不自勝，玆敢略附愚見，仰備澄省。惟殿下勿以人廢言，深留聖念，俾臣肝膈之悃無徒爲一紙空言， 臣豈勝萬幸? 臣無任懇惓祈祝之至， 謹昧死條列以聞。

一曰，勤講讀以進學業。夫問學之道莫要於講讀，而讀書之工莫切於日課，儻或作輟無常，便同暴棄不學。況冲幼之歲，外誘易眩；尊貴之地，紛華交接? 苟欲維持此心，不使走作， 莫如親近方冊， 日有涵泳。 且盛年易邁， 分陰可惜， 儻不及此睿知初開之日克加緝續不怠之功， 幾何不至扞格而難入乎?

比緣鞫事，久停書筵，群下之情莫不悶鬱，而伏聞頃以書筵召對皆講《小學》有所稟定云。 今若日賜召對， 頻講此書，則此亦與書筵等耳，其有裨於時敏之睿學，豈淺淺也? 第以時方盛炎， 實難終日劇讀， 而淸朝凉夕， 諷誦五六行書，亦必不至過勞而生疾矣。

臣於侍讀之際，輒以克勤典學無或間斷，有所仰勉，而二三宮僚齟齬勸讀之言，豈可與庭闈之內課訓之益，同日論也？伏願殿下深留聖念，時常勉諭、頻加提警，必使課程罔有間輟，義理日益浸灌，不勝幸甚。

二曰，祛邊幅以求實效。夫講論之益，專在從容問難；開導之方，必待情志孚洽。況君臣之間無異家人父子，而儲君之於僚屬，義尤親近，誠宜開懷酬酢、極意咨問。就令文義問答或不通暢，沖年語言或有差爽，正見其推誠無隱，亦豈嘗絲毫有損哉？仍伏念師弟雖嚴，亦有質問之道。宮僚進講，固宜隨疑仰問、反復叩發，豈可徒懷嚴敬、致妨講討乎？

且輔導之職非徒講讀而已。將使陳善言、善事，日入於儲宮之耳目，則是必從容侍坐，淹移晷日，文義之外，凡嘉言、美行以至人情物理、閭里疾苦，皆無所不可言。不如是則上下相阻、情意不通，雖日三開講，亦文具而止耳，豈有一毫實益哉？

臣比覵講筵規例，太近備數，講讀才訖、文義才陳，而春宮旣掩卷，則相率退出，曾無俯咨仰問、融洽流通之意。臣竊訝之，輒以簡禮數勤咨詢、仰勉春宮而退與同僚相語，皆以臣言爲是。顧以近來講規沿襲如此，故不敢輒自唐突。

伏願殿下深留聖念，頻諭春宮俾毋拘邊幅、不吝咨訪，仍命宮僚執經之際仰質所疑，輟卷之後畢陳所蘊，務去小節、專求實益，不勝幸甚。

三曰，謹輔養以正德性。夫人之禀性雖出於天，習之移人，其效甚速。是以古人必曰"蒙養正"，必曰"習與正人處"。

今我春宮春秋方早、天質甚美，良心善端藹然若泉達、火燃，而第崇高之地，驕心易生，盛麗之觀，侈心易萌，身體之安，怠心易長，苟非前後左右起居行坐常見可法之事、常聞可憚之言，將何以薰陶本性、成就盛德也哉？況接士夫時少，對宦妾時多？亦其勢然也，則漬漸薰染之間，其爲寒爲曝，此輩爲尤切矣。

誠宜愼擇忠謹直諒、心事端的者，使之奉侍遊處，其或敢爲非經之言、無益之習以進乎耳目者，雖其涉於細微，亦必嚴加懲罰。常使拂心逆耳之語、節儉勤苦之戒日聞于前，則此其功效豈下於陳書考史哉？伏願殿下深留聖念，毋或放過，必使奇邪罔惑而德性克就，不勝幸甚。

四曰，修聖躬以盡導率。臣竊念殿下命以《祖鑑》進講于春宮，夫聖經賢傳，孰非可師，而乃祖攸行，取法尤切，聖意所在，蓋可見矣。

然而宮闈之間、親炙之際，其所視效於聖上之言行者，又豈奉先祖之訓於方冊之比哉？今夫閭井匹庶之有子者，猶不忍自蹈過誤以率子於非法，況殿下之於春宮，所期托者如何，而尙可以自輕乎？且子之事父，凡其視法，非特在於顯然行事之間，雖一念之微，亦不得而相隱矣。

伏願殿下深留聖念，凡耳目嗜好，一切屛去，尋常言行，動使可法，以至幽獨之間、念慮之微，務爲光明正大、眞誠篤實，不以一毫私意雜念干於其間，必使心應其言、言顧其行，洞然表裏之如一，則其爲春宮之表率，豈形聲影響所可諭也？

《禮》曰"幼子，常視毋誑"，其教幼子，亦必以至誠如此，況今春宮睿齡稍長，良知日進，身教之道一或未盡，則其流之害爲如何哉？

惓惓愚忱，忘其僭踰，妄言及此，惶恐死罪。惟殿下察其誠焉。

**辭正言附陳所懷疏**【己酉】

伏以臣庸騃迷劣，百不及人，言責重任，豈敢擬議，而頃以天討尙稽，輿憤同切，沐浴之義，不敢偃伏。揚揚冒出，再登文陛，微誠未孚，聖聽逾邈，退歸私室，憂愧交中。旋以賤恙，冒呈辭單，而喉司不許呈入，仍請牌招參鞫。臣雖儜弱多疾，兩日奔走，豈遽至顚踣，而隨例呈病，實出怠弛，聖度至寬，罰止遞職。

夫訊鞫凶逆，何等大事，而忝叨臺省，不免慢官。苟論厥罪，實合重勘，達宵戰悸，恭俟鈇鉞，不意翌日教旨，復授前職。懼罪懷榮，小人常情，仰感殊渥，豈無銜結之忱，而自惟戴罪之身誠不敢冥然冒進，重壞國家典刑之嚴以益其大戾，縮伏私次，冒死陳章。伏乞聖明亟鐫臣職，重勘臣罪，使朝綱無壞、具僚知警，不勝至願。

仍念臣始竊科第，荐受隆異之渥，旋通淸塗，再叨諫諍之任，以新進而承榮遇，殆少臣比，自惟頑愚實無足當聖心者，不過以臣忝有同休戚之義耳。不惟微臣過福貽災之是懼，一心耿耿，每恐上累殿下則哲之明，忘其僭猥，輒此陳暴，言出肝膈，毫毛非飾，惟殿下留省，庶使臣卒免於顚沛焉。

目今誅討之論，迄未得請，大庭齊籲，百僚廢事，而殿下堅守初志，終靳兪音，臣民之抑鬱憂憤當如何哉？

臣新進疎拙、言語訥澁，兩日前席之爭固無足以啓發天心，而其出入引據於公私恩義、典法倫常之間者，辭不可謂不殫，意不可謂不盡，雖以殿下之强執、逆拒亦未有以折之以理也。所靳惜者，特一“兪”字耳。

自古宗室名入推戴而能保首領者，豈史牒之所曾聞覩，而以祖宗朝敦親之意，亦不能屈典常而伸私恩。今殿下乃以祖宗所未行、今古所未聞者，欲伸一時之私意，一日二日，宗社之憂危豈有極哉？今日大小臣子之同情憤痛、仰冀乾斷者，只是爲宗社也。以殿下爲宗社之主，而乃其深憂長慮反不如群下，臣誠惑焉。臣罪大情蹙，不能與叩閤之列，忠憤未已，又此縷縷。惟願殿下無執己見，亟賜兪允，宗社幸甚。

嗚呼！前冬以後，臣雖迹阻天陛，莫瞻耿光，每念宗祧孤危、聖情摧傷，臣誠痛心刻骨，寧欲無生，頃幸昵侍法筵，仰聆玉音，退而自慰，有以識殿下之達觀、理遣無異常時也。更願殿下益自寬抑，惟以挽回國運、鞏固邦命，日自勉勵，用副億庶之顒望焉。

嗚呼！殿下以今日國事謂至何如地耶？國勢之孤危、

王綱之頹敗、天災之稠荐、人心之波蕩， 以至政弊民困百爲耗䵝，皆千古簡牒所未聞覩。自夫朋黨之劇，凡大小言議動皆燕、越，而至於“國必亡，國必亡”之說，無論彼此，若出一口，嗚呼！此何事耶？

嗚呼！惟我聖祖神宗以三百年宗祊全付我殿下，其責任之重大爲何如，而今殿下目見家國之危係於毫髮，崩決之禍迫於呼吸，則重宸處燕，丙枕無寐。仰想聖情，其必有怵然動而惕然感者矣，螻蟻微臣中夜念此，不覺涕泗被面也。

獨臣所深恨者， 自昔中才庸主尙或能謹守成業， 坐享太平，而我殿下德懿，臣雖不敢隨口讚歎以學諛習，惟其藹然孝弟之心、惻然慈仁之念， 豈不足以迓續景命、奠安黎元，㢜㢜乎古聖王之治？而況自臨御以來，勵精圖治，憂勤庶政，至近日，又以“大奮勵”三字慨然自勉？而反以求之施爲、注措之間， 乃不免一切緯繣直爲此遑遑危迫之象， 豈殿下雖有此志， 而其所以行之者未得其道耶？ 抑以爲時運無奈何、人力無所施，所謂憂勤奮勵之志亦有時而消沮耶？

嗚呼！天下無不可爲之時，亦無不可辦之事，今日之事雖危急至此，其振作而挽回之，亦惟在殿下之一心耳。臣嘗讀唐史， 至德宗以國家禍亂歸之天命， 未嘗不歎息痛恨而深有味乎陸贄之諫也。譬如父母疾革，命在朝夕，爲人子者當汲汲遑遑，求醫進藥，以冀其萬一之效，豈宜袖手却立以待其盡乎？況祈天永命，可容人力，轉危爲安，實在君上，而祖宗之德澤甚洽，生民之歸向未僻？ 殿下春秋鼎盛、志力方强， 此正殷憂啓聖之會、多難興邦之日。 殿下所以動忍增益者，豈待微臣區區之言也？

臣以世祿休戚之身，蒙荷三朝恩私，天地無極，而亦嘗奉先臣遺訓，恒欲竭忠盡智，少報涓埃者，卽臣素所蓄積，而間者叨占高科，偏荷不世殊渥，便殿敎諭，至以日後補闕責之於臣，臣雖惶恐不敢當，而鏤骨銘心，不敢忘失。

今又猥被聖簡，再叨諫官，臣於此時，若復上畏天威，傍慴衆鏑，不一陳肝肺之悃，冀幸聖明之萬一有悟，則是臣上負三朝，中負先臣，而下負臣素心也，臣豈忍爲此哉？

嗚呼！天下之弊千條萬緒，苟不察其根源，而徒欲隨事用力，則叢脞紊亂，終底於速其顚覆而已。臣竊謂君國子民，無他職任，惟是明天理、正人心，乃其責也。國之治亂、興亡雖非一揆，究其統要，未嘗不在是。殿下以今日之天理，明乎不明乎？今日之人心，正乎不正乎？其所以明之、正之者，非殿下之責而誰歟？然欲明天理則不可不先明在我之理，欲正人心則不可不先正一己之心，殿下試自省吾之理果已盡明而無蔽，吾之心果已至正而無累乎。

從古聖賢敎人明理、正心者，若《書》之“精一執中”、《大學》之“格致誠正”、《中庸》之“明善誠身”，千言萬語，丁寧親切，殿下固應日監而累省之。

臣不暇泛引廣論，姑取臣日夜耿耿爲明主憂者言之。臣竊瞷殿下非不聰明稽古、欲行仁義，而誠心無流行之實、私意多膠擾之害，理有不明、心有不正，種種病痛皆出於此。

夫帝王之學，非韋布可比，唐、虞典謨，自是日用茶飯，是必以大心胸、明眼目反復融貫、從容究析，凡聖人之宏綱大目、精義妙用，廓然洞觀，無復碍格，然後方可以見諸政事，爲帝王之學矣。

竊聞殿下臨筵雖頻、開講雖勤，不過略綽讀去、泛論文義，便以一時見解卽謂無復餘蘊，而曾未聞虛心紬繹，切己體認，有以受用而措施者。是殿下之講讀徒欲應文備禮而已，此眞先儒所謂“書自書，我自我，何益之有”者矣。

況聖經賢傳，固非徒作，將使千載之後億兆之人各率其不齊之心，取準定的於斯也？蓋其言卽至理之所在，其理卽上天之所命，尊如日月、嚴如金石，固非聖賢之私言，則其不可易而侮之也，明矣。

今殿下絲綸之間所引經傳，往往以不甚襯切之文字，證未必是當之義理，卽其彷彿之間，取作傅會之資，不欲舍己意而從前訓，或至屈前訓而附己意。若是者，讀書求益，顧反有害，殿下若不自覺其然，則窮格未至，固有歉於聖學，而若知其如此，而輒以是爲能事，則狎侮聖言，其失尤大。

蓋殿下不誠多私之病徹始徹終，故典學之工不過如此，終未能洞見義理昭曠之原，而方寸之間，不能表裏如一、光明不累，卽其符驗之昭著，有不可欺至愚之民者。

臣請爲殿下槪數之。臣竊覸殿下每自謂痛斥虛文，而考之施措，終欠敦厚樸實之意，徒見彌文日增、浮華日長。古人言：“善《易》者不言《易》。”臣愚死罪，妄謂殿下言言而必戒文具者，正見其爲文具之甚也。

《傳》曰：“以言教者，訟；以身教者，從。”殿下居君師之位，苟能躬行實踐，將有率土歸仁之效，亦何用區區言語爲哉？ 而比見殿下如綸之言， 未嘗不鋪張誇耀， 而求之行事，類不相副。雖以近日所謂“大奮勵”者言之，亦徒有空言而未見其實效， 此已與以身敎者異矣。 至於施措之間前後或異，云爲之際過差已著者，往往欲彌縫而遮掩之，殊少別白昭快之意， 雖至苟且遷就有違於理而不暇恤也。 此豈非深可悶者乎？

君臣之際，貴在誠信，喜慍威福一宜由衷，而殿下之接下， 或多過情之辭、徇人之色， 雖欲以是爲寵藉、假借之資，臣下之得之者未必眞以爲榮。

古所謂“推誠置腹”者，豈在聲音、笑貌之間哉？且臣之於君得一言之褒者，終身誦之，至比華袞，而殿下之於臣僚獎許之言，不甚難愼，過濫之褒殆遍在廷，苟不得此，反以爲歉。

至於言語用人， 本非綜核之政所當先， 而頃者藩臣狀啓以節財用爲言者，固宜在所察納，且其人果可用，則他日進擢，亦何不可，而因一紙之啓，綸綍之褒、表裏之錫，太無節量。正卿、亞卿之敎，有若執契預許，一言有槪，猶且如此，設若程事立效者，將何以加其褒乎？

自夫世級浸降， 浮誇日熾。 此誠殿下痛自規檢以率群下處， 而猶不免若此， 無怪乎臣隣之滔滔爭趨乎飾虛衒能之塗也。

臣竊覸殿下每自謂“我無私意”，而求之事爲，終不免有許多碍障。 其欲出一號、發一令， 則慮人議己之念先於遵天則之心， 臆逆、隱度之智奪夫循正理之意， 往往多費言辭，先自解說。此皆殿下胸中，先有一箇"私"字，故纏繞支蔓至於如此。

義不當嫌拘而過自嫌拘者有之，事非可疑怒而遽加疑怒者有之，隨處牽掣，多般係攣，擧措施爲往往不能快截做去。甚至施恩於不當施之地，屈威於不當屈之人，而又必示以德色，欲使知感。如向日慶祉子之特放也，過煩綸音，縷縷示初不欲囚之意，此適所以啓凶徒之玩侮耳。

噫！假使人主行政立事，率皆十分得當，一涉計較，便成偏私。況其毫釐之差必至千里之謬乎？張栻之言曰："無所爲而爲者，義也；有所爲而爲者，利也。"殿下試於靜中深味此言，必有灑然感悟處矣。

殿下每以虛受直言自勉，而群臣不肖，無能爲殿下極言闕失如古之遺直者，此固臣下不忠之罪也，亦殿下所宜自反處也。

烏鳶之卵不破而鸞鳳至，彼言者之言設有差舛，郢書燕燭，亦在殿下之取之，而殿下凡於論事之章，卽其所謂"優容"、"嘉納"者，了無端的見行之實，其或少有咈逆，輒苛摘細故，呵斥不已，若是而欲聞直言，不亦難乎？

殿下聽言之道如此，故凡其拔擢人物，類不喜其稍近讜直者，多取便捷、儇巧、熟軟、齷齪之人，正與朱子所謂"不求其適吾意而求其輔吾德"者相反。

由是直道消絶，諛風熾盛，遂至於殆無一人敢進一言以逆君耳、咈君心，而競相習爲便佞之態、媚悅之辭，"聖教至當"、"聖德卓越"之言不絶於廈氈之上，遂使君道日亢，聖心日傲，國事日益蠱壞。而此輩方且以深得上意、保全寵利爲得計，其中所謂大僚者，卽其尤無耻者也。

古人以謟諛承奉謂之“玩戲”，以君父爲玩戲者，其罪何如耶？噫！戇直、骨鯁之士，雖若齟齬可厭，而畢竟國家板蕩，終必賴此等人，殿下試靜思之。自古曷嘗見依阿、謟佞之臣有能當艱危而效忠貞者乎？凡厥致此，皆殿下一念之私未能克去而然也。

噫！天理既晦、人欲日肆，顧瞻一世，擧在私邪坑坎。殿下縱不能拯斯人於其中，獨何忍更導之耶？此皆臣所謂“不誠多私之病徹始徹終”者，而理不明、心不正，其害一至於此。倘殿下於夜氣淸明之中，虛心而思之，臣所云云其果有一毫妄度者乎？

此外政令施爲之間，輕重之舛錯、前後之顚倒者，殆不可一二數，而喜摘瑣故以示聰察，事關大體，或反踈忽，惟求目前之近效，而不務經遠之深慮，《虞書》所謂“元首叢脞”者，不幸近之，而以至聖敎之傳播中外者，或首尾重複，至數百言，殆若歷悉纖微、曲盡委折者，而不免支蔓而少統要、煩剩而欠簡重，實有違於“大哉王言”之訓。

前後臣僚屢以爲戒而亦未見其效，臣竊悶焉。此皆殿下察理不精、操心未要，見於言動者不覺其如此。

嗚呼！殿下以聖智之資臨億兆之衆，不能以至誠大公存諸腔子，乃使在我之理猶有不明，一己之心猶有未正。其爲聖德之闕遺至於如此，遂使義理全晦而倫綱汩棼，天討未行而民志疑亂，皇極不立而國論眩瞀，人無以爲人，國無以爲國，土崩瓦解，非朝伊夕，殿下於此其不爲之動心乎？

噫！方此存亡危急之日，臣所以爲“救正之計者不出於殿下之一心”，自殿下觀之，宜必謂迂濶不切，而《傳》曰“作於其心，害於其政”，天下萬事豈有不本於人主一心者乎？

嗚呼！時運不幸、國家多故，殿下所經歷無非至難、至變之節。義理權度，雖若未易裁斷，而從古聖人所以善處逆境者，不過曰“至誠大公之道”而已。

噫！惟我肅宗大王當世道衰替之時，截然以正名義、嚴倫綱爲大本領，決之以英毅，行之以剛大，其所以貽謀垂裕者，旣赫然光明矣。

一種壬人積與名義爲仇，失志蓄恨，欲一逞其禍心，而庚子以後，景宗大王遵承先志，未嘗或撓，此輩百方闖鑽，莫售其計，及至儲位旣定之後，逆輝立幟，諸賊影從，遂至竊弄威福、恣行凶圖，必欲甘心於殿下，尙賴列聖陰隲、兩聖保佑，宗社得有今日。而所可哀痛者，我(景廟)至孝至仁、寬厚溫良，仁聞夙播，八域咸仰，而彼奸兇輩乃忍幸國家不幸之會，戕殺肅廟舊臣、更變(肅廟)舊章，顓行己私，惟意所欲，嗚呼！此豈有一毫顧念景廟之心乎？其凶逆無君之罪，尙忍言哉？四載稔惡未伏典刑，而先王仙馭賓天，我殿下至痛遺恨，當如何哉？

臣伏聞殿下乙巳下教有曰“奸壬欺蔽四聰，擅弄國柄”。夫知景廟本心，莫如我殿下，則洞照此輩之罪惡，亦宜莫如殿下矣。若用《春秋》誅心之法，當日廷臣，夫孰免無君父、背宗社之罪哉？顧其誅之則不可勝誅，雖或可用寬大之政，而明厥罪狀、討其巨慝，所以昭先王平日之志、慰先王在天之靈者，不宜晷刻少緩。而殿下於乙巳以後，專以姑息爲事，凡諸討罪之典，一例寬縱，遂使此輩膏唇拭舌於殿下之庭，輒以辛壬擅弄之罪一切歸之鏡、夢，而乃敢追讁死國之諸臣，陰逞當日之餘套，便自謂忠先王而爲宗社。雖其縱恣無嚴，謂殿下可愚弄，而獨不畏先王陟降之靈俯監有赫乎？

殿下孝弟出天，每聞追提先朝之言，輒曰“不忍聞”，此固天理之本然也。然但曰“不忍聞”而已者，此孝弟之一端也，推是不忍聞之心，以明先王本心、討亂臣罪惡，卒追肅廟英毅剛大之規模者，卽孝弟之全體、大用，而聖人人倫之至者也。

宣廟初年，先正臣李珥進言曰：“以殿下追慕先王之誠，聞奸兇之欺罔我先王，而不以爲怒；聞奸兇之侮慢我先王，而不以爲恥；聞奸兇所煽之禍濁穢我先王，而不思所以洒之。假使有人欺罔殿下則殿下必罪之，侮慢殿下則殿下必誅之，而於先王之事，乃不顧念，則是殿下之爲先王不如自爲也。”(珥)之此言惻怛明切，眞有足以感君心者，而宣廟卒亦嘉納焉。

臣讀此，每恨乙巳群臣無能有以此言悟殿下者，遂使誅討不嚴、倫綱不明，迄至于今也。斯固群下之罪，而亦由殿下不能洞見事理，拘小節而忽大義也。

建儲、代理，義理之光明正大，可俟百世，則凡爲肅廟、景廟之臣子者豈容有一毫他意，而惟其大策之定在舊臣當國之時，故睢盱揣摩之徒惟恐國本之永固而得志之無日，出萬死血戰者，接踵而起，不待麟、亮諸賊之稱兵，而已有干戈從事之心矣。自鳳輝而世良，自七賊而逆儉，自逆虎之變書而爲賊鏡之教文。

今日廷議之但以逆鏡教文爲前春亂逆之原者，其果成說乎？蓋殿下獨於逆鏡治之最嚴，而於賊輝輩一切寬假。故今之廷臣觀殿下之俯仰，便用操縱之手，輝賊之官秩自如，三賊之首領尙全，而今番賊變之後，終未聞有追討鳳輝之罪者。至以一鏡之上疏、教文分爲兩截事，必欲脫三賊之逆名，似此議論適所以助兇徒未折之氣，其何能服逆鏡已死之心乎？

嗚呼！爲人臣子，沐浴之討輕重緩急，惟視君上之意向，臣竊痛之。建儲諸臣伸理與否，何關於泉壤之朽骨，而夫子爲政正名爲先。則立於殿下之庭者乃敢肆然抗首，輒以周旋奉承於建儲代理之事者，謂有二心追施死者之一律，嗚呼！此其名果正而其言果順乎？此輩若少顧畏殿下，其敢爲此乎？逆輝追復台府之秩，諸臣尙在丹書之籍，如是而欲使人心無惑、逆亂不作，其可得乎？

殿下天性詳恕，常以事干自己，或恐流於一偏。故乙巳以後，每於鳳輝諸賊力護曲貸，若或傷之，雖追奬諸臣旋贈赫然，而一念之間，不無曲嫌之意。今日群臣仰窺聖意，輒以一種新義理固結上心，遂至倫彝斁傷、是非顚倒生出無限變怪。

臣竊意當初聖心本欲至公無私，而所謂至公者實從計較一念出來，故其害一至於此，臣所謂毫釐之差千里之謬者，豈虛語哉？

聖人之心，物各付物，諸葛亮之言曰："我心如稱，不能爲人作輕重。" 今殿下於鳳輝諸賊寬恕太過，惟恐其或傷，而於建儲諸臣操之甚急，惟恐其或緩，此豈所謂"物各付物"、"不作輕重"者乎？殿下必謂一心之有低仰無甚害事，而殊不覺倫綱之存滅、義理之明晦其機在此可畏之甚，臣竊悶焉。

臣昨見領議政李光佐自訟之疏，敢以辛丑代理事張皇爲言，而其言曰"四罪之論，臣固嫌碍"云，而終又曰"大處分一撓，則彝倫斁敗，國不爲國"，又曰"樹萬世倫常之大業"。

噫！彼光佐豈非向所謂欺蔽四聰、擅弄國柄者乎？戕害之事、追罪之論，渠雖自謂嫌不主張，而國人所知，其可掩乎？渠既曰"有嫌碍"，則大處分之說，又何謂也？代理之議，渠自言不沮遏，而猶以聯箚歸之彝倫所關。夫聯箚者，卽請代理節目之箚也，彝倫二字，豈敢下得於此事，而乃忍發之於口、筆之於書，肆然陳於殿下之前？此其指意所在與賊鏡之疏三綱五倫之說，豈有絲毫差異乎？卽此一段，已足以斷渠無君之罪矣。

渠疏之首尾衡決、手脚綻露者，不可盡數，而渠既以"國必亡"之說謂非渠言，則今所謂"國不爲國"者又何言也？殿下試問渠以"聯箚與代理是一事耶？二事耶？"，則渠其將何辭而對也？若又問"箚請代理節目者是逆乎？非逆乎？"，則渠又將何說而對乎？渠於今日，豈不知理窮辭屈，而猶不欲自服其罪，有此犯分無倫之言，臣竊痛之。

李亮臣疏臚列許多罪狀，率皆指事據實，鑿鑿可驗，渠亦無辭辨晰，故其所拖引都不成說。惟以苦心所存，衆皆知之，"國人必且不服"等語，以爲游辭自解之資，以殿下日月之明苟加細覽，豈不燭其所自辨者節節窘遁、言言破綻，而聖批諄複、慰諭過隆，每以亮臣之言歸之讒誣之科，聖聽之蔽惑一至於此乎？

臣伏聞李亮臣筵對時以臣署經事至煩天聽，而其獎許之言千萬不近，若指別人。夫亮臣讜直敢諫之士宜不至奮言欺君，而今忽以微臣厚誣宸聰，臣誠驚愧，至今莫知其故。在臣私義，宜不敢與論亮臣事，而此爲聖躬闕失實非微細，則臣何敢拘攣嫌節囁嚅不陳乎？

噫！前後論光佐者，初豈有積怨深怒於渠哉？只以不罪光佐，國無以爲國。故雖其勢成威立，觸之者碎，而臣子爲國之道，不忍怵彼勢而忘吾君，抗言獲譴者相隨續於嶺海，而亮臣之言，其直截痛快，實丁未後第一封事。雖不能感回天聽措國家於太平，亦足以寒奸諛未死之骨矣，譴責至嚴，卽日逐之絶荒之外，其爲光佐地則至矣。獨不念言路閉塞、直氣消沮而國事日至罔極乎？況其所論聖德闕失，實殿下藥石之言，則殿下獨不可納其忠乎？

噫！前春逆亂，尙忍言哉？殿下每謂其出於朋黨，專欲呴濡而曠蕩之，臣竊謂惟其出於朋黨也，故必須明義理而嚴誅討，方可使姦萌永絶、民心大定。臣請爲殿下陳其原焉。

當辛壬之際，露出頭面，雖是輝、鏡諸賊，其醞釀積漸，豈一朝一夕之故哉？彼以失志積憤之心敢生射天之凶圖，必欲傾覆宗社而後已，是豈可以仁恩感其心哉？

殿下若於乙巳初，亟下哀痛之詔，深明先朝本意，廓揮乾斷，嚴示典刑，則雖其黨與，亦必破膽喪心，不敢芽孽。殿下不此之思，徒欲以姑息之惠化梟獍之腸。

甚至如天海之窮凶極惡，若使其時明白究詰根窮其指使者，則今日維、翼之凶逆豈至是狼藉哉？殿下處分如此，故識者深憂，固已慮及前春之變亂。

元舅袖中之箚、元老刳心之言，實出於萬不獲已之苦忱血誠，而殿下方且穆然凝邃，無所置念，謂"已使凶徒醜類革面改心"，而至丁未十月之處分，所以曲副凶逆之心者至矣盡矣，然猶不能弭患消亂者，何也？

自昨年三月之後，殿下宜怳然覺悟，知姑息之長亂、知彌縫之速禍，凡有干犯，一以典法從事，用附《周官》"刑亂國，用重典"之義，而殿下猶循塗轍，不思懲毖。凡於舊惡、新犯，一切寬容，徒使凶類增氣、人心莫定，而群臣無狀，不能匡救。

如光佐輩，固不足責，末梢勘鞫之大臣猶且徒順上旨，罔念大義，依違牽制於容護之論，凡於鞫治，務從惟輕，法應請拿而初不請拿者有之，不當酌處而經先酌處者甚多，莫重大獄，苟且了當，而至於事理似然之說，何其原恕之太過？

同宗親嫌之云，尤非法義之敢出。身居鼎席，爲君父討亂賊，乃不能盡分如此，殿下將焉用彼相爲哉？雖以光佐容護之心，猶且怵畏公議，閃欻規避，不敢勘決於其手，而大臣顧乃出而擔當，草草收殺者，果何爲也？

其時金吾之長曾置賊楷於放秩者，厥罪已大，而及當此獄，又復一味依阿，惟恐見忤於凶逆，按獄討逆之義固如是乎？

然此豈特臣下之罪？皆殿下有以導之也。臣於頃日請對，輒敢妄陳："殿下過於慈詳惻怛，凡係倫彝、宗社者，亦皆以姑息之仁施之，願自今以剛大自勉。"殿下亦教曰："予之病處，予豈不知？"殿下旣自知其然，則何不猛省而痛改之也？

由是之故，倫綱不嚴、政刑日弛，而凶狡之徒無所懲畏。乃有如吳光運者，闖發於其間，渠以奸壬遺餘倖蒙聖朝擢用，則正宜洗去舊污、革心圖酬，而乃敢以"深憂遠慮"之說恐動殿下。其請調用錮廢之家者，非庚申凶孽卽己巳逆種，渠若有嚴畏典刑之心，何敢發此言乎？今殿下不惟不置重辟，又從而寵賚之。豈謂知觀孝之逆情而發說於上變之後者，眞足以爲功也耶？

至於李栽，乃玄逸之子也。玄逸語逼聖母，罪惡至重，雖使其子眞有可用，隄防之嚴豈容少弛？前者薦擢已極無嚴，而今光運又置薦剡之首，殿下豈知此人爲罪人之子乎？

朴長潤之負犯何等干係，當初減死雖出好生之仁，頃年出陸，大乖王法，而日者喉司之臣敢陳歸覲之請，必至得允乃已，渠亦先朝臣子放肆無嚴，胡至此乎？

昨年辨誣使价萬里銜命，所受何事，埋骨燕山，雖不可責之此輩，而終不一番呈文辨明君誣，受其慢書，領賞赴宴而歸，此輩若知有國家，必不敢出此，臣子之節掃地盡矣。

當初鞫啓之斬允，已是失法，而末梢上价之付處，尤涉乖謬，臺閣之臣遽停塞責之啓，可勝痛哉?

李廷弼之棄郡逃匿，罪在罔赦，罷職不叙之罰，豈可施於此等負犯? 而金吾議處張皇伸救，殿下亦復曲賜容貸，他日國家設有軍興，將何以號令守宰、責勵臣節乎?

益寬逆節昭無可疑，而詢問之下，終無一人明白仰對者，營護欺蔽之習已極駭痛，而尹得和疏出之後，如沈珙者乃敢曰:“逆不逆、放不放，只取裁於尺五之天。”噫嘻! 君父親問逆豎之罪，而身爲獄官，一味掩護，及有一言則曰“此是君上之事，非吾所知”，此豈人臣之道乎? 其他忿怒迫脅之言，比此猶爲薄物細故耳。殿下於此猶不思懲治，如是而王綱可立乎?

凡是數者，其所關係於倫義、法綱者至重且大，而殿下視若尋常，皆由於殿下慈仁有餘而剛斷不足之致也。

殿下深痛朋黨之必至亡國，以蕩平二字自勉，將欲保合調和之，而一邊人中乃有自謂差異者，出而奉承，凡立殿下之朝者隨聲應曰“蕩平、蕩平”，此其名非不美也，而行之三年未見一分之效者，何哉?

臣竊謂蕩平二字出於《洪範》，蓋謂皇極旣建則王道蕩平也。朱子論皇極之義，以爲至極之標準，深斥孔氏誤認中字之義，至謂流患於萬世，嗚呼! 可不戒哉?

凡天下之事是非得失莫不各有至極之標準，是之非之、扶之抑之亦惟義理之至極而已。苟不問是非得失，而但欲於彼此左右之間先占得一箇地位以爲蕩平之基，是所謂“子莫之執中”。

嗚呼！天理之不明、人心之不正，久矣。所謂朋黨者，大抵皆黨同伐異，循情蔑義，患得患失，無復廉恥，私意橫流，莫可止遏，殿下之所痛嫉，臣亦痛嫉之，而然其末梢所爭乃是倫綱頭顱，自有一定是非，萬無周旋彌縫之理，而今乃不問義理之如何，惟以俱收並蓄、涵容寬貸爲主，雖至名實乖戾、本末衡決，而不之恤也，其於朱子所謂“至極之標準”者，何如也？朱子嘗謂“不察賢否忠邪，而惟黨之務去，往往至於亡人之國”，況不問其義理是非而徒欲混融而汨亂之者，其禍又將如何哉？

噫！今日所謂蕩平者，初非眞有所執之義理，蓋亦仰揣聖心主於破黨。故乃爲此說以售希合固寵之計，而卽其言論事爲自相矛盾，有不可勝計者。

今日之逆，卽辛壬之逆也。於今日則自謂嚴於討逆而却緩於辛壬凶黨，直蔽罪於一逆鏡焉。既以擅弄威福斷眞儒之罪，而當眞儒之時權勢名位不啻眞儒比者，乃反戴爲領袖，不爲恥焉。其論聯箚諸臣者，深淺操縱，屢變其言，至於今日，乃欲巧爲區分，而崎嶇辟戾，窘態畢露。凡其義理概多如此，聽其言則似近於公，察其迹則似合於中，其彌縫周折又若勤勤懇懇之忠，而其所以蠱聖心而惑天聽，未有大於此者。

噫！建中二字，豈非王政之所當先，而唐、宋覆轍不啻昭昭，今日蕩平之論又不幸類此。靜念國事，令人氣短，此亦由殿下徒知朋黨之可痛嫉而不能建皇極於上。故彌近理而大亂眞之說得以投間抵隙焉。苟殿下明理、正心，以至極之標準自勉，則此等之說其何敢作乎？惟其然也，故如光運者乃敢肆爲跳踉，外借眞蕩平之說，實挾凶賊輩之勢，欲售其眩惑脅持之計，豈不痛哉？

殿下誠能以至誠大公之道恒存于中，處心、行事光明正大，而慶賞、威刑一循天理，則皇極之建、義理之明，天討之行其已久矣。夫豈使國勢危岌、民心崩潰，恤恤懍懍日就莫可收拾之域也？

噫！惟大人格君心之非，臣是何人，乃敢責難於君，而自念渥恩如天，欲報無路，輒忘其身之不肖無狀，而欲爲聖主裨補闕遺，惟聖明憐臣至愚孤誠，勿廢其言焉。至於民憂、國計，臣不暇悉數，而顧臣嘗有一二淺見，自謂今日急切之務者，略此附陳焉。

國家之有嶺南，實人才之外府，光運之言雖悖，固不可因噎而廢食。蓋昔名賢碩輔多出嶺南，而先正臣李滉遺風餘敎久而不泯，如壬辰之亂忠臣、義士接踵而起，培植之效，不可誣矣。

今不幸亮、熊諸賊出於此地，此其驚痛憤嫉，必倍他人，而顧其名出賊招者，一切置而不問，嶺人以此悶鬱，至於陳疏。誠宜一番究析，討其可討、赦其可赦、用其可用，必以名節、義理淬厲而開導之，庶幾培養得出，國家有賴。豈宜施以姑息掩覆之意，有若安反側者然，以爲嶺人之羞也？臣聞李玄逸之出，嶺人多有棄之者，善俗未泯，此亦可見。惟在朝家輔翼之如何耳，然此須得老成嚴重可以信服之人，責以宣化觀風之任然後方可以收其效矣。

我國三面濱海，自前識者多以海防爲言。前年逆變，水陸並進之計實令人骨悸，而三南漕運專由海道，畿甸西隘近未數舍，則今日國家決不合泛視此事，而防守之疎有甚於陸地，臣竊寒心焉。

願殿下自今於邊海備豫之圖，十分置慮。凡諸機務，別加飭勵，有可通變，亟留講確，無若他事之泄泄沓沓焉。亡命諸賊其數寔繁，實有散匿島中之慮，時月稍久，追捕解弛，亦望申飭諸道嚴加跟察焉。

固知臣之迂慮未必有當，苟有所思，何敢不達？臣治疏將上，天牌下臨，嚴畏分義，隨詣闕外，顧臣情勢決難冒出，拜章徑退，臣罪萬死。

**辭校理疏**【癸丑】

伏以臣返命之路，伏奉除書，猥玷館職，荐膺寵擢，臣誠惝怳震越，若墮夢寐。

臣昔叨諫省，妄言觸戾，所承嚴敎，罔非人臣之極罪，聖度至寬，恩慈曲貸，乍從薄勘，旋齒朝籍，天地洪渥，糜粉莫酬，而釁累自如，心事未暴，跼蹐惶慄，靡所措身，蓋五年如一日矣。

臣之罪名，今不暇一一追陳，而槪其大者，傾軋朝紳也、構捏大臣也、疑亂君心也。爲人臣子有一於斯，固已不容重辟，而伏聞前後筵教，屢以臣甘心黨習負國家而負先臣責諭至嚴。

臣竊自悼行己無狀，不能見察於君父，俯仰天地卒爲忠孝俱喪之人，顧躬撫心，若無所容。竊念人臣爲黨，欲利身耳，臣雖螻蟻至微，實有世祿休戚之義，使臣徒徇私黨、不念公家，萬一國勢抏隍，臣身豈能獨安？縱臣頑戾，忍負君國，顧不自爲一身地乎。

誠以受恩如天，隕結是願，而目見當時艱虞之劇，私憂耿耿，不能自已，妄欲贊襄聖德、匡輔袞闕，庶幾有以昭倫綱、正名義、閑世道、杜禍兆，尊朝廷於日月之明，奠國步於泰嶽之安，固微臣平生所蓄積，而非敢爲一時激慨之論也。雖其迷滯之見未必當聖心，荒蕪之辭不足達愚意，斷斷衷赤，天日臨之矣。

然以臣樹立無素，忠信未孚，而狂言妄論又不能回互，其於一切時議不啻枘鑿矛盾，則世之不知臣心者謂臣爲黨，誠非異事。伏況宸旒凝邃，何由察臣苦忱？臣之愚迷，亦自慮未信之諫必陷罪戾，而默念人臣大義，固當有懷必陳，如其嫌於黨比，言有吐茹，實是私邪不忠之尤者。此臣所以披肝瀝膽而不自悔也。

噫！臣頑凶不天，早失先臣，煢孑餘生，獨蒙恩造，每念資父事君，已無其路，而稚年受教，惟以直道無隱畢義殫誠爲立朝事上之大方，銘鏤在心，未敢忘矣。官以諫名，不敢不爲明主吐露愚衷，此正以不忍負吾君也、不忍忘父訓也。藉令臣罔念言責之重，徒懷容悅之計，依違趑趄，不竭忱悃，是眞爲負國忘親，而無以自顯其面目矣。臣雖不肖無狀，其忍爲此哉?

嗚呼! 殿下於臣若父於子，容光之照，何幽不燭，而特以臣恒日奉上之忠、事亡之孝，實無以充積感發者。故區區忱誠終未蒙聖明之俯諒，求厥所由，莫非臣罪。持此情地，豈復敢抗顔自厠於簪裳之列，而間或夤緣事會，黽勉義分，當國家哀慶之禮，再肅省郎之除，從原隰驅馳之勞，自附往役之訓，固出於犬馬依戀之微性，而律以古君子出處之常經，已多剌謬。此其包釁冒進罪益難逃矣。

伏惟明明聖朝綱紀未墜，如臣積戾重累始逭峻辟，亦云太倖，豈其以歲年之久有所湔刮，俾汚清華之秩? 臣雖昧頑無知，亦何敢自比常人，揚揚造列，以重其無忌憚之誅乎?

臣經年殊域，萬里歸來，瞻望象魏，微情倍激。秪以叨冒匪分，情迹甚隘，末由隨兩价之後獲近文石之陛，命至窮矣，罪彌積矣。天門咫尺，怵惕徊徨，短疏見阻，危懇未徹，退伏私室，寤寐耿結。

玆敢略暴衷情，恭俟威命。若其職名之萬不稱、公議之決難冒，在臣情勢，猶屬第二事，今不敢並瀆宸聽。伏乞聖慈察臣肝膈之辭，鐫臣見職，勘臣積戾，使朝紀無墮、臣分粗安，不勝大願。臣無任震悚屛營之至。

## 玉堂請收還副修撰閔亨洙遠竄之命箚

伏以臣等昨夜伏見下政院備忘記，有副修撰閔亨洙投畀甲山之命。臣等相顧愕眙，竊不勝憂歎之至。

今者亨洙之疏，非有新般議論，不過以頃年一疏重被人反攻，玆於辭免之章，備陳難冒之端，提及前事，有所辨暴。此在廉義事理，固有不容已者，而殿下不少舒究，遽加威罰，蒼黃昏夜，迫出城門，處分嚴急，景色愁慘，有若陽春和煦，霜隕霆擊，句萌之品，猝被摧傷。凡厥瞻聆，莫不駴震，矧惟臣等忝侍經帷，目擊此事，私憂耿耿，庸有極哉？

臣等伏覵，殿下天賦寬仁，子視臣隣，優容假與，不爲不至，惟其志刷黨痼，務主鎭安，凡有言者少觸忌諱，威怒失平，摧抑過中。聖意所嚮，罔不靡然，廉劌委地，巽懦成風，士大夫一脉氣節，固已八九分消沮，此正殿下所當惕然却顧、淵然深慮者。

況亨洙之言，初非論事，只欲自暴其情勢而已。設其辭語有或未槪於淵衷者，惟當從容酬答開示聖意，乃今震以嚴譴，逐之絶徼，無少留難，自今在廷臣僚雖有許大情勢，將不敢開口自列，上下否隔，廉義壞喪，此豈盛世之所宜有也？

殿下於亨洙之初疏，旣不加竄逐之罰，而今因對辨之言，威譴之過重反倍蓰於前日。殿下試於事過之後，平心霽怒，反復究度，亦必有翻然而悔者矣。

抑臣等於備忘中“不有君父之心”等教，尤有所深憂竊歎者。噫！君臣之義，無所逃於天地之間，則爲人臣子而不有君父，其罪當如何哉？ 殿下每於章疏之批，容易下得此等之敎，此固臣下無狀誠未上孚之罪，而在殿下體群臣之道，豈忍以此箇語加之，使其驚惶隘蹙靡所措身也？

殿下之意， 雖欲以此操勅臣分， 而將使四方傳說恬於聽聞，反有損於嚴堂陛之義，其爲世道之憂，豈淺鮮哉？以殿下涵養深至，而激惱之際，絲綸之發乃或不暇點檢如此，其於"聖人辭不迫切"之訓，何如也？臣等之憂，不但在一亨洙之被罪也。

仍念臣等庸愚謭劣，猥叨匪據，豈不知人器之百不稱，而秪以禁闥補拾之願維結在中，不獲終辭，唐突應命，持被僅若箇日，登筵僅一二遭。自惟誠信淺薄，不足以感格君心，而適見過中之擧，不任憂愛之悃，通夜不寐，繞床彷徨，竊意雷霆之怒本無竟日，不遠而復，尙或有望，手具短箚，待朝呈進。

伏願殿下虛心察納， 收還副修撰閔亨洙投畀之命， 不勝幸甚。取進止。

## 辭副校理疏

伏以臣身負重戾，律逭常刑，內地出補，匪罰伊恩，天地涵容之德，只期隕結以報，莅任一月，忽復承館職除命。雷威既霽，德意藹然，此豈罪累微臣夢寐之所思？惝怳感悚，莫省所措。

臣本愚迷蠢騃，不比人數，獨其犬馬戀主，粗有一段知覺。經席論思之任，豈不知萬萬不稱，而秪幸朝夕帷幄，依近耿光，庶少效其補拾之愚忠，不幸觸罪，一朝遠出，至恩未酬，孤忱莫白，回瞻雲闕，寤寐耿結。幸今恭承環召，復入脩門，豈不欲叩謝天陛，重登廈氈，少伸依戀之私，而自惟罪名至重，終不敢爲抗顔冒進之計，臣之情踪，其亦蹙矣。

臣之箚救閔亨洙，豈有他哉？身居經幄，目見處分之非常、辭令之失宜，草草數語，自附納約之義，只欲爲吾君救闕失，及承備忘，至以"知有亨洙，不知君父"爲教。臣誠無狀，素無忠信之上孚者，亦不自意區區愚忱未蒙日月之臨照，至于斯也，最臣所自悼者。臣於其時，方且以殿下每下臣僚所不忍聞之教，縷縷獻戒，而不惟瞽言未蒙俯納，乃於臣身親承此教，爲人臣子持此罪名，豈容自立於世間？每一追思，魂骨俱寒。

惟荷聖明曲貸之恩，薄譴旋宥，華秩如舊，慰寵之隆，視若無故之人。逭罪叨恩，豈非小人之幸，而淸朝典憲，自臣身而壞隳無餘矣。

噫！臣之前箚，固非私爲亨洙地，而其以亨洙陳疏謂"事理不容已"者，臣也，眷眷以言路士氣爲憂，而謂"亨洙不可罪"者，亦臣也。

使亨洙而誠無罪，則臣之箚救亦可免於邦憲，今亨洙之罪律，視初又加一層，則營護欺罔之罪，臣無以自逃矣。今若懷寵匿釁，晏然就列，此眞放肆無忌憚之尤者，臣豈敢爲此哉？

噫！臣冥昧無知，屢觸罪戾，惟殿下不忍棄臣，前後飭誘之教，不啻若慈父之詔迷子，縱臣頑如木石，豈不知感鏤心骨，而顧其職在言議，事有可論，終不敢懷計較之私心、顧朋比之小嫌以自外於明主。故徒信愚誠，輒效職責，終底重僇，迷不自覺，臣身顚沛，非所敢恤，孤負聖眷，爲戾益深，一念兢慄，若墜淵谷。儻蒙天地父母俯賜矜恤，因臣舊犯，早賜屛黜，無使其重陷大何、復煩聖慮，則生成之澤，臣當沒齒頌祝矣。

且臣赴任之時，路阻淫潦。官程有式，日子過限，迹涉稽緩，尤切惶隕。玆敢縮伏私次，露章胥譴。

伏乞聖慈，特垂鑑臨，勘臣積罪，以嚴王綱，不勝幸甚。

月谷集

# 卷七

## 疏箚

# 疏箚

## **辭修撰, 附陳北路事疏**【癸丑】

伏以臣釁負旣深, 情迹至隘, 頃上胥讒之章, 未承褫鞶之命。適因試事, 召牌荐降, 僨緣出肅, 義所不敢, 嚴敎之下, 一例違逋, 罪戾彌增, 刑憲是甘, 而乍從吏對, 旋蒙特宥。曾未幾何, 又忝宿趼, 臣是何人, 叨恩至此? 惝怳感激, 靡所措身。

臣之向日所被罪名, 非比尋常。到今追思, 猶有餘悚, 終不敢以薄罰之已行, 殊渥之荐加, 晏然自恕, 肆然冒進。玆敢隨牌詣闕, 更申危懇。

伏乞聖慈俯垂矜察, 以臣舊罪新犯, 重賜勘處, 使朝綱粗擧, 微分少安焉。噫! 臣愚蒙不學, 早出世路, 受恩如天, 毫末無裨, 其疏謬庸拙, 畢露於淵鑑之下。雖使初無罪累, 其不合於邇列, 亦已審矣。

倘蒙聖明燭臣情實, 早賜屛退, 俾得杜門訟愆, 仍以閒暇, 誦讀書籍, 年歲之積, 倘得少有進益, 他日復備任使, 庶幾有以藉手, 而區區願忠之誠, 亦可伸矣。微臣此言, 實出肝肺。天日之照, 豈待臣之自陳也? 惟願殿下曲諒微情, 俯循至懇焉。臣於辭疏, 不當有所贅煩, 而北路民事, 臣旣目擊, 不可不一陳於宸聽, 玆用煩縷, 仰祈裁察。

今歲嶺北之農，傷於三夏之旱、首秋之潦，固已有不稔之憂矣。八月十六日暴水之後，三晝夜盲風，實是無前之灾。屋倒木折，沙石皆飛，田疇蕩決，姑捨勿論，向熟之穀，擧被摧落，殆若萬馬之蹂躪者。老幼男婦，環聚田頭，拾其敗穗墮粒，相携號泣之狀，臣之所親見也。

北方土瘠民貧，生業蕭條，不可比論於他道，而已酉大水之餘，瘡痍尙未穌也，昨年旣歉，今又遭此慘灾。咸興以南，猶爲彼善於此，北靑以北，被灾孔酷，而臣又聞諸自北關來之人，鏡城之北，沿江諸鎭，風水之灾，比南關倍甚云。哀彼窮民，僅支儉歲，千百辛苦之餘，翹望今年之有秋，而年事大無，至於斯極，顚連流散，其勢必至。

北地列邑，處僻路阻，貿遷生聚，其道絶艱，而朝家之前後爲北民，亦已至矣，浹骨之恩，民豈不知，而天時不幸，又値今歲沃焦，援溺之政，誠不容頃刻緩也。固知道臣必已長策陳聞，廟堂必已留心軫恤，而竊恐朝廷或視以循常水旱之報，若不大加通變，北民其無告矣。

臣昨伏見聖上深軫湖民，特減常貢，憂傷惻怛之敎，足以感泣孤、鰥，德至渥也。臣以曾忝邇班之人，躬覩北民愁痛之形，其何忍無言，以孤殿下如傷之至意哉？若其蠲役·省賦之節、營粟·施賑之道，臣非其職，未敢妄有區畫。

伏願殿下亟命廟堂，極意商略，劃卽措置，俾我一方生靈，獲霑終始之聖澤焉。臣又伏念，國家專以北路爲詰戎之場，凡其人畜財寶，使不得輸之南土，所以壯固儲胥，充實邊圉，其意不偶，其禁至嚴。

祖宗朝古制，置高山察訪於鐵嶺之底，優其地望，重其事權，雖大官使檢覈，先輩名臣之居是任、擧是職者，其風力威稜，搢紳多傳爲美談。自夫紀綱漸弛，法禁不行，邊吏之不謹飭者，槖中輕裝，太半是禁物，而曾未聞有摘發陳啓，以抵于法者，設禁之意，果安在哉？有識之寒心，固已久矣。

察訪之移處草原驛，臣未知自何年、緣何事，而草原距鐵嶺數百里，而北關海路，達于德源之元山，直踰鐵嶺，則輸載之從木道者，雖禁貨滿船，察訪迂處草原，何從以得其影響哉？雖有執法之官，欲盡其職，其勢固不可行矣。且嶺外客官，人所厭避，雖或黽勉赴任，强半受由在家，一離官次，便與無同。

臣意今若依古制，還置察訪於高山本驛，減定瓜限，勿許離任，使之申嚴舊制，痛加糾禁，若有不能剌擧，而因他端發露者，重勘不職之罪，俾有飭勵之地，則其於嚴邊禁振廢法，必有實效矣。此係邊務，所關非細，一任頹弛，誠可慨然。

臣適以北事發端，敢又尾陳。固知今此大歉，不可遽議遷移，而此必預爲商確，可以待豐擧行，亦乞下廟堂覆處焉。臣無任屛營祈懇之至。

## 玉堂進〈六蔽箴〉箚

伏以臣等昨登筵席，敷陳文義，至陸贄所論上有"六蔽"，殿下誕宣德音，俯詢衮闕，臣等倉卒承命，惶感無措。各陳瞽言，略効微忱，意不深切，辭又齟齬。臣等亦自知愧尤，何足啓發宸聽，而誠不意不自聖之聖意，謂諸臣之所指陳，猶有未盡者，諄諄降諭數十百言，六蔽之中，曰有曰無，丁寧開示，反復商論，臣等誠不勝躍然以喜，而瞿然以懼。喜者，喜殿下諮諏之弘，省察之密也；懼者，懼臣等謏才蔑學，至庸極劣，無以荅揚休光，少効職責也。

至於書進之命，聖意尤切，不惟於其中所有者，必思屢省而亟改之，雖其所未有者，亦將兢兢然致"罔念作狂"之戒，臣等竊相欽歎，輒忘僭猥，謹就六條，隨成短箴，敢此並獻焉。非敢謂有發於前人之格言，聊欲自効獻芹之微誠也。

臣等竊稽往牒，庸君昏辟，固有不暇以六蔽論者，自中主以上，往往自恃材質，多被英氣害事，其於六蔽，鮮有能免者焉，此皆由於本源工夫之欠闕耳。

噫！惟此六蔽者，其端雖殊，究其由，則不過曰物我之互分也、曰理欲之未辨也。人徒知我之爲我，而不知天之命我。固有至善之理，苟合於此理，人亦我也；苟違於此理，我亦私也。

天下之事，非一人之事；天下之理，卽一心之理。君上臨億兆者，誠能絀我之欲，而惟理是從，天下之善，擧爲吾有，夫何上下、物我之可論乎？秪爲不明於理欲之辨，徒蔽於人我之私，一膜之外，便隔燕、越，遂以惟其言莫予違，爲爲君之樂，而不知赫然天命之可畏而不可侮，蠢然羣黎之至神而不可欺，敗政蠱邦，恒由是焉，嗚呼殆哉！

殿下天資睿哲，聖學高明，其於理欲、公私之辨，非不熟下工夫，而竊覸云爲之外著者，顧不能純然天理之公，而克祛有我之私，卽此六蔽之中，實多不免蹈其失者。昨日聖教所指數，臣等死罪，未敢以爲過也，誠願及玆大奮發之機。

沈潛硏窮於經傳之奧，體認玩索於閒燕之中，其於天理昭曠之原、幾微毫忽之際，洞然默觀，瞭然精察，常使燦焉降衷之性，該載充積於至虛至靜之心，存持之久，涵養之熟，必有無限活潑境界，而其聞善言、見善行，將有沛然若決江河之效。過此以往，非復區區言語所及，而向所謂“六蔽”者，抑何異於洪鑪之點雪也哉？

臣等日登講筵，前後縷陳，固不出於“窮理正心”四字，而今於六蔽之書進，復以此爲言，似亦不新奇矣。竊念天下萬事，莫不本於此理、此心。不治其本，而欲從事於其末，亦苟焉而已，徒勞而已。況在聽言取善之要，豈可舍此而他求哉？

抑又伏聞邁德造道之方，本末固宜互進，精粗貴乎並修。臣等之推本源而言者，亦非敢謂六蔽之戒，在所可忽也。伏惟殿下加察焉。取進止。

## 玉堂應旨陳戒箚

伏以臣竊惟我殿下，以英睿冠古之資，當殷憂啓聖之會，一心圖理，九年於玆。仁孝慈惠，德甚盛也，宵衣旰食，勤亦至矣。然而實效未究，治化愈邈，世道日以汚下，人心日以陷溺，水旱、饑饉，仍歲愈酷，邦本顚瘁，國命凜綴。

而至于今年，天災、物異，非常可愕之變，日臻月生，殆不可數計，仰觀俯察，無一可恃。見影知形，亦孔之昭，凡厥蠢動含靈、婦孺至愚，莫不驚憂惴慄，咸謂危亡之禍，非朝伊夕。

噫嘻！此何時也？臣等備員論思，昵侍帷幄，愚庸疏淺，實無以裨贊聖猷。彌綸時艱，貪榮冒寵，莫補絲銖，寢惶夢愕，如墜淵谷。乃者淵衷奮發，綸誥誕宣，責躬求助之意，洋溢於數十行之間。爰自簪紳，下逮輿阜，莫不傳道感悅。向之驚憂惴慄者，擧欣欣有須臾無死之願，翹頂企踵，思見德化之維新。

嗚呼！此豈言語、文字之效哉？良由殿下一心之誠，藹然呈露，而感應之捷，至於如此，其機亦可驗於斯矣。抑臣等欣聳振奮之中，竊有所深憂者存焉。

噫！不可復追者言也，不可不力者行也。夫閭井匹士欲見孚於親戚鄕黨，猶將言必顧行，行必踐言，況乎爲人君師，而臨億兆之衆，其可不愼也哉？

今日之事，殿下固亦自謂一初之政，而竊見中外臣庶，方且拭目傾耳，待殿下繼此而行者。羣情如此，天意可知。

殿下誠能夙夜振勵，念茲在茲，非直言之，寔能蹈之；非直蹈之，寔能推之，使祈嚮之民情益以固結，譴告之天心轉以悅豫，太平萬世之休，其將自今日迓續矣，豈特挽回否運，拯濟時艱而已？

如其不然，奮發之新念，扞格者多；姑息之舊病，根柢或留，因循玩愒，不能痛易宿轍；號令施措，不能一踐斯言，則惟茲敷心之誥，適爲文具之歸。

人心一去，天意日離，不復有望於殿下矣。自茲以後，殿下雖日降大號，痛自刻責，彼至愚而神之民，其果信服乎？降監在上之天，其可孚格乎？

然則，今日殿下發於心而施於事者，毫釐得失之間，人心之向背、天命之去就，於斯判矣，嗚呼！可不懼哉？臣等伏見聖旨，引咎自省，非不切也，而猶懼其未盡悉也。許令臣民極意指陳，凡在羣下，孰不感激思所以對揚也？

臣等竊亦仰思俯度，以爲今日官方之淆雜、刑賞之乖舛、廉耻之壞喪、氣節之消沮，以至生民倒懸之劇、政弊通變之急，無非至切至大者，固難更僕畢數，而然求其故，亦不過曰紀綱之未振也、聽納之未廣也。聖旨所以拈爲二端者，亦旣提其綱領矣，而乃其歸趣，又以變化氣質，深自責勉，殿下之志，可謂切矣。

夫人之氣質，鮮有不偏。苟不能的然精察於切己之病，爲害之深者，加意點檢，痛自修治，而徒欲變化氣質，成就德業，則其心彌勤，而其效彌遠，殿下其亦念及於茲乎？臣等愚妄，請就殿下氣質之病流，而爲振紀綱、廣聽納之害者，槩而陳之，仍獻其修治之目焉。

其曰："以誠實立根基，以剛毅勵志氣，以宏大定規模，以嚴重尊體統。" 此四目者，振紀綱之本也。其曰："虛心以孚情志，舍己以勇遷改，恢量以祛忌諱，遜志以受規益。" 此四目者，廣聽納之要也。惟此八者，實爲端本出治、取人爲善之切務，而究其大原，亦不出於"勉聖學"三字。故臣等忘其僭猥，輒敢條陳如左。

臣等職備勸誦，日被顧問，不必輒同外臣，應旨上封，而誠以一時言語，終不若文字條列之該括有序，故芹曝愚忱，不能自止，煩冒至此，不勝震惕。

噫！治平之化，實本於人主身心，而明君不世出，好會不可失。當安危存亡之機，所仰望於殿下者，不得不切，伏願留神幸察焉。

所謂"以誠實立根基"者，臣等聞誠者，天之實理也，人之實德也。傳曰"不誠無物"，朱子曰"人不忠信，事皆無實"。物雖至微，非誠則難感；事雖至細，無實則不成。

世級既下，澆詐滋甚，人之日夜所營營，無非騖外作僞之事。眞贗眩瞀，上下蒙冒，顧瞻世界，作一虛泡殼子。殿下念之及此，其不怛然寒心，怵然深慮乎？

殿下平日，非不以誠實自勉，而考之符驗之著，終欠慤實工夫。酬酢之際，多拘邊幅而或少洞然無間之意。絲綸之降，過於繁蔓而或忽"先行後從"之訓。營爲計較之念，或先於循天則之義，恐人議己之慮，或奪夫遵實理之心。

若其待遇臣隣，尤宜至誠相與，而或不免以徇人之色、過情之辭，假借而慰藉之。可否或不洞示中心，賞罰或至姑循顔情。至於駕馭之術，或參以權數；驅使之道，或出於抑鉗，其於古聖王誠信接下之規，豈不有乖也？

此本由於殿下一念之間、毫忽之差，而積習已久，根柢已固，雖以殿下之明聖，恐未能自覺也。以故下之所以事上者，徒長矯誕之風，全無誠實之意，不過以言語取悅、以彌縫免罪。雖君臣相戒，痛抑文具，而要其歸趨，無一事不爲文具，率此而欲使實政及民、國綱無頹，其可得乎？

伏願殿下因玆藹然誠心之發，推而擴之，逐事逐物，洞察夫天理實體之所在，必思反身而誠焉。好善如好好色，非出於要譽也；惡惡如惡惡臭，亦非惡其聲也。純然其心，不暇乎安排也；泰然其行，無待乎修飾也。以至事之當否、言之從違，知之則必行之，行之則必以實，如是而號令不張、政教不擧者，未之有也。惟聖明留意焉。

所謂“以剛毅勵志氣”者，臣等聞人非剛毅，不足以有立。程子曰：“剛則不屈於欲。”朱子曰：“毅者，堅忍强厲擔負得去之意。”

噫！自古聖賢，固無衰善氣像，其修德致用，必由乎志氣之剛毅，況人主値傾否之運，有挽回之志，而苟不剛以自克，毅以自勵，其何能濟乎？

顧今世道汙下，俗習委靡，人慾橫流，公議泯絶。上自公卿，下至匹庶，陷在私意窠窟，頭出頭沒，尠能自拔，非殿下痛自刻勵，一意刷革，則將何以責其丕變乎？

臣等竊覸殿下亦非無慨然奮發之時，而牽制之累，不能擺脫；振勵之志，不能堅定。欲節國用，而曹儲之內入，不能斷也；欲飭掖屬，而橫肆之舊習，未能禁也。辭氣之暴發，多由於宮掖之私、瑣細之端，而羣下之欺聽蔽聰、背公行私者，殿下果能隨其發露，赫然威之以辟乎？督過之嚴峻，只施於疏逖之臣、微末之吏，而大官之玩愒度日、恬嬉成習者，殿下其能程率策勵，灑然使之知懼乎？

至於國勢之岌嶪、百爲之蠹敗，奠安之，修張之，伊誰之責？殿下猶且前後顧慮，左右牽撓，終欠一力向前苦心做去之意。以殿下爲宗社、生靈之主，而若復憚艱難厭勞苦，不肯擔當，則今日臣下之偷安苟便，一味泄沓，顧何足怪也？

伏願殿下繼自今日，毋弛奮勵之志，擇善而固執，知及而能守。凡小小私意，有可以害吾純剛至正之氣者，必猛省而痛斷之。使血氣之用退聽，義理之勇益固，守之必確，毋或撓焉；持之以久，毋或沮焉，將見羣僚易心，兆庶改觀，設施注措，必有頓然日新之效，豈如今之憒憒不振哉？惟聖明留意焉。

所謂“以宏大定規模”者，臣等聞君父有大柄，爲國有宏規。《虞書》曰：“元首明哉，股肱良哉，庶事康哉。”又曰：“元首叢脞哉，股肱惰哉，庶事墮哉。”

夫所謂“明”者，正與叢脞相反，則豈皎皎察察之謂哉！亦明於大小、輕重之分之謂也。世既衰末俗愈宂，瑣事則目繁而綱裂。人皆務細而忽大，庶政之頹敗，職此由也，而殿下所以導之，亦不得其道理。聰明只及於細務，摠理反遺於大體。程督諸臣，不過簿書期會之間，勤勵庶政，多行有司一職之事。以至牌招去來之遲速、庠泮課製之行否，此何等微細，而猶使上煩聖慮，累勤下教，則他事槩可知矣。

殿下置大臣而摠百僚，設六部而董諸司，有喉舌之官，以出納檢飭，而乃令叢脞之譏歸於至尊，此固臣下之罪，而亦殿下所以課率責成，失其大體之致也。

姑以"奪入閭家"之禁一節言之。殿下臨御以後，其於國家宏綱、遠謨，果能實心做去如閭家之禁，則紀綱之頹弛，豈至於斯哉？惟其不能先其大者重者，故其效止於此事而已。以故大事旣置之相忘，小事亦日不暇給，泯泯棼棼，無復統領，豈不寒心哉？

抑臣等尤有所憂迫者，殿下每以"方寸已傷"、"觸事興感"，臨朝對下，至有涕淚嗚咽之時，登筵諸臣，不過抑塞掩泣而退。

嗚呼！往者殿下之所經歷、今日國勢之至孤危，臣等雖甚迷昧，亦豈不知哉？然惟其如此，故益宜恢拓聖志，深懷永圖，務以闡祖宗之洪基，措國家於泰嶽，以爲億萬斯年之計。若但上下憂慽，君臣相對涕泣而已，則此非徒大有妨於寬抑聖情、保養聖躬，似此景色，其於弘大宏遠之氣象，果何如也？

伏願殿下洞然遠觀，廓然自寬，無以悲慽損心氣，勿以小事勞精神。深察乎修政救民之宏綱鉅目、鞏邦垂後之弘猷遠慮，日與廊廟諸臣，講確討論，提挈條貫，俾有成效。其餘細務，有司自當奉行，大臣自當摠察，不宜以此害吾之大體也。惟聖明留意焉。

所謂"以嚴重尊體統"者，臣等聞君人之體，宜重不宜輕，宜嚴不宜褻。《周書》曰："愼乃出令。令出惟行，不惟反。"此言號令不可不愼重也。諸葛亮曰："恩竭則慢，法行則知恩。"此言御下不可全任恩也。

我國之俗，輕易而不耐久，情勝而蔑公義，號令不行，倖門多歧，固是今日痼病，而殿下不惟不能矯之，反有以助之。凡於出號發令，過於委曲煩複，已失嚴重之體，而謀事不審其始，或有輕試而旋悔者；作事不能持重，或有中道而遽輟者。民玩國法，無所適從，諺所謂"三日公事"者，不幸近之。

且如近日良役一事，句管堂上輕易差下，殿下旣悔之矣。縱使自今日實有句管經紀之事，若又不能持久，半塗而廢，則其損國體失民心，爲如何哉？

至於恩數之濫越、干徼之猥屑，莫極於此時，而殿下慈諒太過，不能裁節而禁斥之。凡在近列者，欲爲一人徼惠則曰"我當陳白"，欲爲一人洗累則曰"我當奏伸"，下旣不知嚴畏，上亦不少持難。

恩僭而威褻，賞濫而法數，受恩者不知其榮，犯科者必求幸免。上竭下慢，日以益甚，不知殿下將何以繼之也。若此而欲振紀綱，殆猶却行而求前矣。

伏願殿下深惟君人之體，益勉弦韋之戒。辭命必簡嚴而無或近於煩屑也，號令必愼重而無或歸於頻復也。慮終而後作焉，可行而後動焉。嚬笑必惜，僥倖必抑。內自宮庭，外及臣僚，恩威得中，賞罰無忒。如是而教令不行，綱維不振，無此理也。惟聖明留意焉。

所謂"虛心以孚情志"者，臣等聞心之爲體，至虛至明，所以燭物理而通衆志者也。故先儒曰："人之一心，如鑑之空，如衡之平。"又曰："心兮本虛，應物無迹。"惟空故妍媸各呈其狀，惟平故輕重各得其分，此其爲應物而無迹也。

心苟不虛，則聰聽必有所蔽碍，應接必有所偏係，而物情無由盡燭，羣心不能自盡，上下阻隔而天地否塞，若此而國不危者，未之有也。

殿下明睿邁倫而任察太過，仁恕接下而多疑未祛。故聽言之際，輒不免有成心，論事稍切者，疑其矯激；論人稍峻者，疑其排軋。深惡鬧擾，則其端未作而聖心先已鬧擾，務欲鎭定，則其效未著而聖心反未鎭定。周防之慮、億逆之念，恒自糾紛於應接之前。

至於欲祛偏黨，固出於殿下之至公血誠，而惟其聖心之中，先著"惡偏黨"三字。故凡於是非從違，必看彼此色目，排比、較量之害痼，而公聽、並觀之道乖矣。在廷臣僚，仰揣上意，先自顧慮，言言而避嫌疑，事事而拘形迹，上患臣下之不誠，下慮君上之過疑，君臣之間，情志日阻，往往有非常之譴罰、不忍聞之嚴敎。

嗚呼！君臣之義，一體相須，都俞吁咈，要歸於至善之理而已。君之明聖，可以理奪；下之愚迷，可以理喩。惟當察其言之公私、得失而可否之，何至臨以過察之疑，震以不測之怒，使其抑塞而無措也？伏願殿下自今益用力於虛心察理之工，使我方寸之中 洞然無復碍滯，應事惟其宜而我無適莫，處物惟其則而我無將迎。凡於聽言納規，惟求諸道與非道，則本體旣正，大用斯達。容光所照，物無遁形；至公所行，衆無壅情。君臣、上下，一心相孚，而交泰之休，斯可致矣。惟聖明留意焉。

所謂“舍己以勇遷改”者。臣等聞聖人無我，惟善是師。孟子稱大舜曰：“舍己從人。”仲虺美成湯曰：“改過不吝。”盖其所謂“己”者，初非私意，故己不能而人能之，則從之惟恐不及。其所謂“過”者，初非有心，故我不知而人能知之，則改之不俟終日。此可見聖人心事矣。衆人恒情，滯於有我之私而不能從善，諱其已著之過而不能遄改。其私逾痼而其過彌彰，可不懼哉？

殿下凡於規勉之言，非不溫言嘉奬，而聖心所欲，未嘗不力遂；聖志所向，未嘗不硬行。廈氈陳辭，或切逼聖躬，則天顔輒爲不怡；章奏補闕，或指陳實事，則批旨多有周遮。留意之敎，終歸虛文；嘉納之諭，未見採用。至於一時過差，雖聖心所已悔者，往往遷就其辭，費力解說，終欠快示開悟、決然勇改之意。羣下承望，互相戒勑，欲匡一事，則慮其必不見納；欲進一言，則恐其秖增過擧，箴規久絶而緘默成風矣。

今殿下惻怛求助之敎，亦已經旬日，而中外臣庶，迄未有指陳袞闕，稱塞明旨者，此又殿下所宜怵然自反處也。

伏願殿下推今日責躬之意，深究至善之所在，克祛有我之私意。見善則服，雖蒭蕘而擇焉；知過必改，若風雷之速焉，譬之湍水之赴壑，斯須無或留滯。日月之旣更，億庶仰其光輝，將見嘉言罔伏，衆善畢集，聖德日新而民心胥悅矣。惟聖明留意焉。

所謂"恢量以袪忌諱"者，臣等聞明聖之君，必能容不諱之言。經曰："有容德乃大。"古語曰："君仁則臣直。"夫君之於臣，等威至嚴，和顔而待之，恢襟而受之，猶患不能盡其辭，若一言觸諱，隨而求罪，其孰肯有言乎？

歷觀前史，臣下進言，指斥之過當，引喩之非倫者，不勝其多，而人主不以爲罪，後世不以爲非，惟觀其言之曲直耳。故治世不諱危亂，明主不諱敗亡，諱亂者必亂，諱亡者必亡，此不易之明驗也。

殿下非不欲廣求直言，而終不能大恢聖量，小有觸忤之言，輒復苛摘句語，或斥以非所宜言，或責以分義不如是，雖微文瑣故，亦必洗索而訶責之，此豈但訑訑拒人而已哉？

姑以一事言之。昨年藩臣疏中"孑然孤立"一句，何至妄發，殿下猶以此譴責甚峻。況可議其盡言無諱，觸犯不避乎？

今之不言者，皆得保好爵享美利，人孰不知，而乃其有懷必陳，不憚忤旨者，不愛其君而能之乎？ 設有狂肆謬妄之言，其視出則緘口入則竊議者，其不大賢乎？ 況其狂謬之失在彼，包容之美在我，殿下何怒焉？何惡焉？

噫！ 殿下之庭，言路之杜絶久矣。間有一二塞責之章牘，惟恐其或有觸犯，左思右量，句刪字削，嫌忌弘多，顧慮百端，畢竟成得囫圇沒口鼻文字然後，方敢上聞，批鱗之鯁辭、 拂志之忠言，其尙可擬議乎？

伏願殿下惕然深念於古人城門開閉之明戒。凡係羣下之進言，雖其狂妄不倫，倨侮不中者，一皆容之以包涵之量，接之以康和之色。匡君之謨，惟恐其不直切；憂國之言，惟恐其不激昂。開納惟患未弘，翕敷惟患未廣。如是則忠讜競勸而德化日彰，直道興行而聖猷光大矣。惟聖明留意焉。

所謂"遜志以受規益"者，臣等聞聖不自聖，所以益聖。虞帝之稱禹曰："不自滿假。"伊尹之告(太甲)曰："無自廣以狹人。"人主位勢崇高，固易驕亢。若又從而師心自用，侮慢自賢，聰明日閉，規諫不入。欲以一人之聰明，獨運天下之萬機，其有不覆亡者乎？故雖以古先王之盛德，昌言必拜，從諫不咈，置其輔、弼、疑、丞，使之朝夕納誨，兢兢抑畏，如此其至也。

殿下英睿超絶，而有輕視諸臣之心；自是太過，而無好察邇言之意。聰察之病，非不自知，而矜衒之習，猶未能改。臣僚有所論奏，必以"予欲下教"、"予已知之"之教，輒示先覺之意，有若較長者然。

非不惡謟諛，而容悅之辭，不自覺其喜聞；非不求規戒，而法語之言，終徒歸於面從。其於任使臣僚，不喜其稍近戇直之人，而多取夫巽懦便佞之徒，以故修潔自重之士，莫不斂退山野。

讀書之人，轉益遯藏，而殿下不惟不復思之，並與其招延之虛禮而廢閣矣。其出入經幄者，不過疲懦軟劣如臣等輩，而臺諫惟以違牌解職爲得計，而緘口避事之習，不可振革矣。大僚惟以奉行文簿爲廟謨，而格非弼違之言，久已寂寥矣。大誥之後猶且如此，其前又可論乎？由是殿下之心，遂謂今世之人，莫己若也；羣臣之言，無足聽也。

標置之高，動以漢唐爲耻，而考其成法，反有甚於叔季衰亂之代。然而上益自聖，下益從諛，法家、拂士不復見於朝廷；忠規、讜言無由至於黈纊，如是而不危亡者，果有之乎？

伏願殿下因此警省之念，益勉謙受之方，知此道此理之無窮而不可以自廣也，知寸善片長之宜取而不可以自用也。不自聰而以天下之聰爲聰，不自明而以天下之明爲明。又必屈己禮士，誠心求賢，置之左右，諮諏察納。不求適吾意，而惟求輔吾德者，則德日進業日修，而治敎日隆矣。惟聖明留意焉。

臣等愚昧，輒敢妄論聖躬闕失，而以其用工之方，條陳如此。若蒙殿下屢省熟察而加之意焉，則於今日振紀綱、廣聽納之道，必有萬一之補，由是而恢張治具，奠安生民，亦不容他求矣。殿下誠能從事於斯，而無其效者，臣等請伏妄言之辟焉。然臣等伏念變化氣質，固貴省察點檢，而苟無窮理明善之工，終不免指鐵爲金、認客爲主，而必不能眞知密察矣。

雖以此數者言之，蓋理有未窮，善有不明，則自謂誠實者，或多私意之參錯；自謂剛毅者，不免衆欲之牽撓。事之大小、物之鉅細，有不能辨而宏大之規失矣；號令之節、弛張之道，有不合宜而嚴重之體乖矣。欲虛心而不求實理之所在，則心無主宰而不能虛矣；欲舍己而不以至善而爲則，則我既眩惑而靡所從矣。察義不精，則心體不廣而無由恢其量矣；講道不深，則求益不切而未能遂其志矣。

夫窮理者，固不過卽事卽物，究其所以然、所當然之則，而其燦然之迹、灼然之效，莫不該載於經典、史籍之中，窮理之工，盖莫切於讀書矣。

殿下典學勤摯，遍講經史，造詣淺深，雖非臣等矇識所敢窺，而考諸云爲、事業，誠不敢謂學問之有效。此臣等日夜耿耿而輒以“勉聖學”三字，思贊日躋之工者也。

夫讀書之法，先儒言之詳矣。然其要不過曰“誦讀必熟復，而不可涉獵也；功程必接續，而不可間斷也”。思索問辨，必極深研幾，而毋自信其明睿也。

綱維欲其提挈，而毋拘攣於枝葉也；同異欲其究析，而必融貫於本原也。會之於心而涵泳，欲其從容也；驗之於身而體認，欲其密切也。觸類而長之，擧隅而反之，積累之久，必有脫然貫通之效，反身而誠之，亦惟在於殿下。端本出治之基，不越于此矣。

竊伏念萬機之暇、靜攝之中，非敢望趲趁功課如韋布之學，而學問之道，不在夸多務博，惟貴乎研精玩賾，沈潛游泳，以造緝熙之域，惟殿下察焉。朱子曰：“工夫易間斷，義理難推尋，而歲月如流，甚可憂懼。”君子日乾夕惕之意，於此可想見矣。臣等區區敢以是爲獻，伏乞聖明更加猛省焉。取進止。

## 玉堂元朝陳戒箚【甲寅】

伏以三陽肇始，萬品萌發，仰惟殿下對天懋德，輝光日新，臣等區區不任瞻望顒祝。

昨伏見聖敎下者，援曾氏"日省之訓"，飭聖躬而勵臣工，辭旨至切，群臣莊誦，一倍感聳，孰不思精白厥心，以欽承休命也哉?

竊惟《易·乾》之《象》曰："天行健，君子以，自强不息。"聖人之窮理正身，敷教修政，其緝熙之工、兢業之心，固無瞬息間斷，而當天運推敓，歲序更易之際，必因是而大警厥志，有以奮發作興焉，所以敬天時而重自新也，故《夏書》："每歲孟春，以木鐸徇于路：'官師相規，工執藝事以諫。'"

《周禮》正月，布法象魏，皆此道也。況今國勢岌嶪，世道艱否，實是剝陰來陽之運。殿下方新聖念，纔頒大誥，而及今日則臨御恰滿十載，正値天道一變之期。春秋雖屬鼎盛，亦踰古聖"不惑"之年，惟玆三元之會，尤是殿下一初之機也。

殿下夙興負扆，撫天時而念人事，其可不怵然警省，圖愼厥始乎？日者臣等不揆僭越，條陳勉戒之語，幸蒙聖明嘉納，至命留中，是殿下不以人廢言，而欲時加省察於淸燕之間也。臣等感激惶隕，不知死所。

拳拳憂愛之私，更願殿下，維新厥德，以體天運；夙夜寅畏，以謹天戒。發號施令，必務當天心；擧直錯枉，必無違天則。明愼刑罰，以奉天討；敷求賢能，以共天爵，益勉儉德，節約財用，以愛惜天物；亟修廢政，釐革弊瘼，以保活天之烝民，則召公所謂祈天永命之休，實自今日始矣。於戲！殿下毋忽焉。

竊聞乾道之運行無停，正四時而成歲功，惟誠而已。聖人之日乾夕惕，修天德而達天道，亦惟誠而已。惟誠故不息，惟不息故能悠久而無疆也。《大雅》曰："維天之命，於穆不已，於乎不顯！文王之德之純。"此文王所以與天合德也。殿下苟能明善以思誠，閑邪以存誠，日漸月積，克造眞實無妄、至誠不息之域，則文王亦何人也？惟殿下勉焉。

臣等前箚，旣以誠實爲第一目，而聖人法天修德、施政孚民之基，不越乎一誠字。玆於元朝之祝，輒敢重致意焉。臣等昨陳愚見，亟請設鞫，而伏奉批旨，開諭諄至。

臣等愚迷，亦知殿下一念默禱，顒若有孚，豈敢徒以臣子憂慮之心，累瀆不已哉？第伏念重民祈農，固爲國也，而鞫逆訊凶，亦爲國也。軫恤黎元，固所以承天惠，而鋤治不道，亦所以行天討。國體不可苟然，事理又不容緩。神祇赫臨，亦必恕其偃息。有司治獄，出納文書，何至有妨於齋敬事神之道也？《記》所云"事並行而不謬"，此之謂也。

聖教雖謂"此不過向上不道"，而卽此罪狀，已不宜晷刻稽討，況其妖惡情節，又安可測度，而多日淹延，不卽究問乎？此不特目前之患，實大關日後之弊。伏乞聖明卽允前請，速命擧行。取進止。

**玉堂處置兩臺，兼陳所懷箚**

伏以臺臣等並引嫌而退。遇事陳戒，旣得臺體，“未安”之批，何必爲嫌？其所擧劾，雖叶公議，不擧名字，終涉朦然。請持平朴弼載出仕，正言趙鎭世遞差。

仍竊伏念玆事至微細耳，而終至事端輾轉，聖心激惱，臣等旣有憂慨之忱，何敢不悉其愚乎？惟我殿下之明聖，其於體九經、敬大臣之義，豈待臣僚之勉戒，而當日聖敎，蓋爲近日宗親屬籍寢疏，或慮其見輕於朝紳，乃有抑此扶彼之敎。

然而以國家體統言之，大臣因一囚宗府吏，而乃至於不安其位，二品宗臣肆怒於大臣，而乃至相抗替囚，似此國綱、朝體，其可示之四方，垂法於後乎？

前後諸臣之進言，只欲尊朝廷、嚴體統，而非爲其私也，則顧何嘗有一毫務勝之意哉？每見批旨，不惟不賜開納，輒以訑訑之色逆拒之，豈不有歉於轉圜納諫之盛德乎？

臣等竊爲聖主慨然也。抑臣等於聖批中“思君父方寸”之敎，實不勝怛然疚懷，而繼之以憂歎焉。嗚呼！以今日國勢之岌嶪憂虞之孔棘，臣隣之所仰恃而爲命者，惟殿下一心而已。

殿下誠宜深體涵養、操存之工，益勉剛大弘毅之道，使一號一令動循典則，毋或有毫髮之差，然後方可以立大本而出治道。雖或有至難排遣、至難裁抑處，惟當恢廓聖心，觀理節情，以致動忍增益之效者，斯爲治心之第一工夫，而今因一宗臣之事，過費心氣，遂至於聖念疚傷，辭旨悱惻，則觸而長之，類而推之，安往而非興慽之端也？ 此於保養節攝之道，所損不細。

臣等之私憂深慮，固已萬萬，而況因此而威怒之激，或不能制，辭令之間，有不暇擇，未免發於心而害於事，則尤豈今日臣僚之所望於殿下者哉？ 若使在廷之臣徒事掩抑悲悶，惟恐重慽聖心。雖見過中之擧，不思救正之道，則眞所謂婦寺之忠也。 臣等出入帷幄，其職惟在啓沃君心。 故玆敢不避僭猥，輒效微悃。

伏乞殿下勿以淺近而忽之， 於向所陳存養之工、剛毅之道，深留聖意。祛偏係之累，恢聽納之量，日新聖德，以臻於高明廣大之域，卽臣等叨厠近密，亦與有榮矣。取進止。

## 辭副校理疏

伏以臣於吳光運之疏，尤有所危怖者。 臣固愚妄，犯此鐠鋒，亦豈無疾之已甚之戒，而顧臣嘗謂人臣之事其君，責難陳善，格非弼違，務欲納君於無過，而不爲身謀者，必愛其君者也；窺覘迎合，導諛承奉，敢以君爲玩戲，而圖濟其私者，眞無禮於君者也。

臣雖不佞，早聞斯義，立朝以來，矢心靡悔。不惟臣身必欲以陳善弼違自勵，欲擧朝之臣，皆以此自勵。不惟臣身不忍爲迎合承奉之態， 一見爲此情態者， 寧欲以身擊之而不避。炳炳愚衷，神祇監之，臣何有私好惡哉？

噫！彼小人情態，豈其性然哉？顧其伎倆，惟諂與讒，而欲售己之計，則必阿上之旨；擠人於禍，則必因上之怒。故諂者必讒，讒者必諂，其端似殊，實則相因。此不難覩也，臣何足多言哉？

今光運所自謂"不忍爲谷永"者，未知何指，而古人之非谷永，爲其時王鳳輩擅國竊柄，方危漢室，而(永)前後論事，不一言及之，所以有專攻上身之譏也。(光運)之引此爲言者，果謂今日朝廷之上，有擅國竊柄如鳳輩者耶？使光運信知如此，旣自謂"盡忠事君"，而何不明言顯斥，以扶國家，大誥之下，上封言事，而亦漠然不及此耶？

至於廉耻自守，易退難進之士，固嘗積忤聖心，前後訶責之嚴，譴罰之峻，盖已屢矣，而光運之齗齗，顧在於此，敢以罔測之語，搆而陷之，豈非乘上之怒而欲售其禍心者耶？

向非殿下至仁至恕，一隊士類其能免於網打乎？且光運誠謂其中眞有作威福者，何不擧名直陳，冀正刑章，而藏頭沒尾，黠昧其辭，使下無以自辨，上無以明察耶？此固從古讒人之傳法，而眞陸贄所謂"利於中傷，懼於公辨，傷善售奸，莫斯爲甚"者也。

若臣陳力趨列，固非不仕之人，職卑位微，又遠權勢之塗，則光運之言，何與於臣？而只以平日讀書，嘗慨然發憤於邪正、淑慝之分，咫尺前席，衝口妄發。在臣自謀，誠可謂至愚，彼之必欲甘心，何足怪也？第其輒引古人以自擬，要以僇辱臣身，而光運之不以此加臣，足爲臣羞。臣之受此詆於光運，亦庶幾有辭於後矣。

噫！莫非人也，臣豈欲其陷於非哉？人自陷於非，而臣無以拯之。雖爲國家慮菑害，不忍無言，而臣誠仁弱，竊所矜憫。若令光運果能萬一近似於馬、尹、眞、蔡，則此非但光運之榮，實國家之福也，臣將欣喜之不足，雖失知人之明，亦何嫌哉？所慮者，一得之見，或恐不幸而中耳。至於"惟恐威福不在上"一節，雖不成說，危怕則極矣。

彼以齟齬難合二三在野之人，指擬於此，則必擧世之人，皆是發蒙振落之輩而後，方可謂威福不在下耶？臣實深惑焉。臣旣罹此駭機，惟當斂迹引退，以靖私義，榮塗去就，尙何可議哉？玆於天牌之下，冒陳血懇，輒自闕外徑退。

伏乞天地父母，俯賜照燭，亟許黜退。仍命司敗勘臣積罪，使朝綱勿墜，臣分粗安，不勝幸甚。臣無任屛營祈懇之至。

## 辭副校理疏

伏以臣譴罷未幾，獲蒙甄錄，再叨館職，輒犯違逋，猶逭重辟，薄從例勘，仰戴天慈，惶感罔涯。誠不意日晷未易，敍命旋下，還臣舊趼，促臣供職，此豈負罪賤臣所宜獲於聖主者？惝怳震越，靡所措躬。

臣之向日，與喉院所爭，特體貌間微事耳。緣臣疏中句語"不能逶迤"，以至累勤嚴敎，臣固不任悚慄，而至若吳光運事，臣之愚戇，只欲嚴彰癉之義、效論思之職，豈敢有一毫私好惡哉？及奉聖旨，誨諭嚴切，臣之惶隕又萬萬矣。

臣本迷惷，無他技能，惟有耿耿一心，庶用畢義竭忠，上報涓埃，而樹立無素，精誠未格，每一發口，不免見疑於天日之明，區區願忠之誠，輒自陷於罪戾。此心晻晦，不能自暴，誠無可藉手而進於君父之前者。此臣所以撫躬慙靦，竊自悼其畸窮也。

抑臣私義，其於職名、去就，尤有不暇議者。臣之酷遭反詆，固非一二。洪景輔之再疏醜詈，殆甚於街巷攔語。此正(孟氏)所謂“橫逆之來”者，臣之自反已久，又何難焉，而(吳光運)末梢之疏，其張皇煽幻，至危極怕，直令傍視者代臣骨顫。卒又因“玩戲”二字，欲驅臣於罔測之科，至曰：“何敢以此用之於不敢言之地？”

噫！臣自童穉學語，所講服者，事君之禮，而不圖今日，忍聞此言，痛心切骨，寧欲無生。噫！經席論人，自古何限，而遭此罔極之變怪，實始見於臣身，則臣身雖不自愛，其貽辱朝廷，至斯而極矣。

夫臣疏中痛陳從古君子、小人之情狀者，非臣取給於口也，固其根於彝性然也，亦非臣之瞽言也，實亦古聖賢之定訓然也。光運誠惡聞其言，欲引而自辨，則痛辨己之無是，誰曰不可？而不此之爲，今乃造出別語，肆然扳援於至嚴至敬之地。言者方斥渠罪，而渠自曰：“此非所敢言也。”徒欲上眩天聰，逞其搆陷之宿習，而不自知其重犯無禮之罪，誠亦可哀也已。

噫！人臣事君之義，莫大於剌斥奸佞、開廓聰聽。其言愈直則愈彰其君之明，其忠益切則益見其敬之至。故朱夫子前後封章，指斥小人，有曰“戲慢媟狎，奇衺雜進”，曰“逞邪媚以蕩上心”，至曰“濁亂聖心”，曰“蠱惑陛下之心志”，而其辭彌痛切矣。然時君樂聞而後世誦法。雖淵、覿、說、抃之徒，未嘗敢以此爲罪而反噬於朱子也。

今光運之言，乃至於此，豈世級愈下，而人之無忌憚，亦有甚於前歟！苟如其言，是雖有淵、說百輩，而朱子亦在所不敢斥也。此於小人，可謂巧計至策，而國其將如何哉？

噫！誠如光運之言，臣固宜伏鈇鉞，而幸蒙日月之照燭，旣得免於危穽矣。聖君在上，百世在後，臣固無事於辨理，而爲人臣而蒙此罔極之惡言，猶不思斂迹自退，徒恃聖眷，恬然冒進，則一身危禍，非所敢恤，而廉節喪矣，風敎墜矣，將何以立於世乎？

臣治疏將上之際，伏聞昨日召對，聖上至以微臣去就，縷縷下敎，臣誠感激涕泣，不知死所。螻蟻至微，蒙殿下眷記至此，臣雖頑如木石，豈不欲竭蹶叩謝，少伸微忱？而衷情未暴，蹤迹至危，渥恩如天，酬報無階，瞻雲耿結，撫心傷悼。玆詣闕外，拜章徑退。

伏乞聖慈，察臣至悃，憐臣危懇，亟鐫見職，仍許屛退，以遠駭機，以靖私義。是臣區區之願也。

## 辭修撰疏

伏以臣於頃者，薄出畿坰，旋被除命，恭承恩召，走伏京輦，而罪大情蹙，不敢冒進，坐違嚴召，罰止例罷。曾不數宿，復蒙甄叙，除臣館職，促臣承命。自惟蟣蝨小臣，積負罪戾，旣逭重辟，荐叨誤恩，誠荷天地包容之德。顧臣驚惶震悚，尤何以自措也？

念臣不才，濫被洪造，出入榮近，涯分過濫，伈俔尸素，愧懼已極。至若銓郞爲職，素號權要，在臣拙分，尤非所宜。矢心自畫，庶全微尙，而重以遭値不幸，情地至隘，冒死撕捱，誠出於萬不得已。

適當大政之方張，荐承非常之聖教，咫尺之守，終未直遂，心迹剌謬，愧悔山積。及夫憲臣疏出，公議至峻，則使臣雖欲因仍蹲據，有不可得者，遂復積犯違慢，自陷大戾，國體、朝綱，緣臣一身而壞隳無餘。

至今追思，寢夢驚悚。惟當引分屛息，追訟愆尤，豈敢徒藉聖恩之至渥，便謂前罪之已勘，忘釁貪榮，晏然趨承，以重其恣肆無嚴之誅乎？且臣於前司諫李普昱之疏，尤有所駭怖者。臣性本弛緩，疏於㢦激，而旣秉銓筆，未敢廢職，去其泰甚，固非獲已，危鏑之來，何可避也？

竊見近日廉讓掃地，反詈成風，有識固已寒心，而至於因一官之枳擬，肆口噴薄於執筆之人，實今所創見者。臣雖疲劣，豈容與之辨理哉？

顧其爲言，雖無倫脊，而危脅蹈轢，可謂狼藉。誠使普昱粹然無罪負，而臣於通塞之際，果有毫髮私意以挾之，則此其爲罪，實非微細，清朝綜核之政，豈容但已也？臣疏愚信心，屢觸危機，徒蒙聖慈曲保，以至今日，而臣誠齒酸於咻嘖之言，心灰於爭鬧之場，惟有屛迹斂退，以避危辱，豈容冥行擿埴，復取顚沛也哉？

臣踪地隘蹙，昨又違牌，誨諭嚴截，復命特招，顧其分義，宜卽竭蹶奔趨，反復思惟，實難冒昧承膺。玆敢祇詣闕下，歷陳衷曲，伏乞聖慈，俯察微懇，亟許斥退，仍與重勘，以肅頹綱，以靖私義焉。

### 辭刑曹參議疏【丙辰】

伏以皇天降祥，元良定位，八區含生之倫，孰不聳動蹈抃，而臣以負罪之身，幸蒙特敘之恩，趨造末班，躬瞻盛禮，得與鳥獸率舞，以效華、嵩之祝，懽忻感激，久益靡涯。乃玆秋官佐貳之除，忽及於戴恩省愆之中，在臣分義，固宜卽日拜命，而顧惟區區情勢，有不容冒廁周行者，遂敢略陳衷懇，庶冀天鑑之臨照焉。

臣於昨年忝居近密，筵席奏對，輒底罪戾，至今追思，惶愧交中。噫！臣誠庸蠢無似，誤蒙罔極之恩，惟以孤誠自信，直道無隱，庶幾少效涓埃之報。雖復屢經憂厲，積遭顚沛，而耿耿微諒，迄不弭忘。故於威顏咫尺，矢口仰對，不敢爲婞婗含糊之態，此臣之素心然也。秖緣誠信淺薄，莫克上孚，畢竟陷於偏黨之科，而聖恩涵貸，罰止譴罷。乃又進之前席，特賜溫誨諄諄，如慈父之導迷子。斯誠不世之異眷，臣何人而乃得之？

臣方以罪爲恩，銘鏤之不暇，況今重荷拔拭，復廁班聯，私心惶感，豈敢輒形控免，而顧臣顓愚，自知已審，九年從班，毫無裨補，發言招眚，隨事生疣，徒使上煩聖念，下積臣罪。此殆臣受性迷滯，賦命畸窮，曾不足以備聖世一物之數也。尙願天地覆燾之仁，曲加矜愍，因其舊犯，早賜斥退，俾得自追愆尤，毋至重觸罪戾，實微臣耿耿之懇也。

抑臣伏見前參議李宗城自辨之疏，怒臣筵對，肆口醜詆。其曰"影附意趣，如報私讐"者，語雖藏謎，意在混驅。臣固謭劣無足自重，其於如許題目，汙不至輒費辨理，直可付之一笑。然其羞朝廷而浼薦紳，蓋無甚於此者，廉義至重，耻辱難湔，爵命辭受，非所暇議。薰沐之盛意，非不欲仰承，而滓穢之賤蹤，終無由冒進，虛帶劇任，亦添臣罪。

伏乞天地父母，諒臣微懇，鐫臣見職，許以軍銜、散廩，自效奔走，俾其遂愚分而全廉愧，不勝大願。且臣於月初，見差槐院副提調，此實自來遴選之任，以臣之文質無當，資望最淺，誠可謂千百不近。反復忖量，愈增愧恧，旣不容昧然冒承，亦豈宜暫時虛縻？伏願聖明並賜鑑燭，亟許鑿褫，公私幸甚。臣無任云云。

## 辭大司成疏

伏以臣於省墓歸路，伏奉除書，以臣爲成均館大司成者。臣承命隕越，卽已來伏私次，而竊惟自古有國，作人、化民之本，專在於太學，而斯職者實爲學官之長，則其所係之重何如哉？

後世訓士、育才之道，固不能盡由古義，而其爲官擇人，盖未嘗不難愼。列朝以來，前輩名臣之居是任者，流風、遺韻，猶尙塗於士大夫之耳目。

今雖世降才難，不可以擬祖宗盛際，歷選如林之俊彦，求可以當是職者，亦豈少其人，而乃授之不才如臣者，臣誠駭惶騂汗，不知所以自措也。

臣本庸駑疏鈍，文質無當，經行、藝業，已無可論，卽雕篆、記問之末，亦萬不猶人，而僥倖一第，推排至此。表率多士，培植人才，固不敢彷彿擬議，而尋常課試之役，實亦無以稱其職，自知甚明，非有絲毫飾情也。

明明聖朝，敷敎造士之地，固不容臣竊吹素食，以敗厥事，而爲臣者亦何敢怵稽命之罪，昧量己之義，靦然抗顔於皐比之座，以貽賢關之羞，而駭四方之聽也？

況伏念臣早年驟進，涯分太溢，畸迹多忤，憂畏常存，惟是遠避淸塗，謹守拙分，庶幾免於顚沛，而今若兜攬華膴，訖不知止，便若臣所固有者，則其於區區微尙，亦豈不大乖謬也？

臣之聞是命亦累日矣。旣左思右度，而義終不敢出於趨命，則一日虛縻，適重其罪戾。玆不得不以章牘上煩宸聽。

伏乞聖明深惟本職所係之重，仍察微臣不稱之實，亟許鐫改，以嚴官方，以安私分，不勝幸甚。

**辭慶尙監司疏**【丁巳】

伏以臣頃在禁直，伏奉除書，以臣爲慶尙道觀察使。臣聞命震駴，退伏私次，至今累日，終不敢爲祇肅恩命之計，分義虧廢，惶隕罔措。

伏念國家分畫八路，置之連帥，全畀一方兵民之政，其爲任固至重矣。況玆嶺南，實是一國之所恃而爲根柢府庫者，卽其擇人與否，而安危之機所係甚大。此則聖明之所俯察，固不待臣之臚陳也，今日此任，胡爲而及於臣身哉？

臣不過年少一書生耳，迂疏迷鈍，百無一能。尋行數墨，尙患未究；經事綜物，初不置念。孱懦成性，弛置自放，家私至細，亦不能區處，朋儕相對，輒嘲以儱侗。此乃臣之實迹，非敢有一毫過飾，而特以臣優游內服，坐竊淸華，未嘗試之簿書凌雜之場，故其醜拙猶不畢露耳。今乃猝然以丘山之重，委之於僬僥之身，曾不問其力之如何。

顧臣有何威望可以彈壓吏民，有何才能可以剸決煩劇，有何智慮可以酬應機變乎？反躬揣摸，猶不勝其駭懼，傍聽之寒心，又可想矣。竊伏惟君之知臣，如父知子，雖臣無狀，上欺殿下，偏荷隆眷，久玷聖簡，而以日月之至明，亦必不以聲威、幹局，望之於臣審矣。朝廷初旣謬擧，恩點從而猥加，臣若復不思自處，昧然冒當，徒以旌節、軒馹，赫然爲一身之榮，及至僨事負國，雖萬被誅罰，亦何所及哉?

臣蒙被天渥，河海猶淺，而十年邇列，絲毫無補，辜負恩遇，有罪難贖。如使臣之才分，萬一可以當此任，則宣力方隅，盡瘁王事，尙可以少效涓埃之報，臣固將樂赴之不暇，豈敢萌辭避之意哉?

惟其自知甚明，自量已審，誠不敢緣臣一身，重誤國計，以益其大戾，耿耿此心，神明所監。若其疾病內痼，筋骸難支之狀，臣亦不暇縷陳也。

臣伏見藩臣受命，必有一疏丐免，便成故事，而若臣今日之懇，非敢出於雍容禮辭，以傚他人克讓之美也。誠以悚慄憂懼，迫於中情，自不覺其煩瀆之至此，儻於丙枕之暇，試以南藩付畀之輕重及夫微臣才器之稱否，擬議而較絜之，則反汗之命，必不待臣之畢其辭也。

伏乞天地父母，特察肝膈之懇，亟許鞶帶之褫，非臣之私幸，實南民之幸；非南民之幸，實國家之大幸也。臣無任屛營祈懇之至，謹昧死以聞。

## 辭吏曹參議疏

伏以臣於頃日，受由下鄕，歸路中暑，扶病入城，國子恩除，尙未祇肅，分義虧廢，惶隕靡容。乃於千萬意想之外，伏承除旨，移授吏曹參議，臣聞命驚惶，不知置身之所也。

竊念國家以權衡人物，甄敍百職之柄，專畀銓曹，而其任責之隆，佐貳與長官，無甚懸絶，不特其地顯、望峻，爲一世之極選而已。

臣資本迂散，性甚疏拙，重以立朝未久，經事至少，名望淺於信服，見識矇於鑑裁，非但臣自知之明，亦同朝之所共識也。

況今世道靡弊，國事扤隉，綱紀日弛，民生日悴。當此之時，恢公屛私，激濁揚淸，抑躁競而廣賢路，杜僥倖而淸官方，使朝廷尊嚴，內外稱職者，惟是銓部之責，而臣之蒙騃愚淺，其不足承此責任，有以少裨治理，固不待兩言而決矣，畢竟馴致僨誤，以速罪戾，則臣身雖不敢自恤，其奈國事何哉？ 雖然此則以人器之稱否言耳。乃臣區區私悃，有不容自阻於仁覆之天者。

念臣不才無能，早竊巍科，荷聖明之洪造，藉祖先之餘蔭，叨占淸塗，驟居人先，歷敭華貫，殆無不遍，古人二不幸之戒，臣旣俱犯之矣。節次推排，官益進而地益峻，怵於義分，不敢辭避，有命輒膺，若固有之，而竊自惟畸蹤眇福，貪冒無已，顚隮之患，理所必至。

顧以受恩罔極，莫報涓埃，筋力奔走，庶可自效。雖不敢追“知足”之訓，爲便身之圖，惟期力避權要之塗，稍守拙素之分，庶幾存“招損”之戒而免亟顚之灾。炯炯方寸，自定已久，今玆所叨，在臣一身，豈不赫然榮顯，而世所稱“要津熱官”，蓋無過於此者。

自奉除書，夙宵憂畏，懔然若淵谷之在前，雖欲强抑素志，黽勉趨承，亦將不可得矣。昨因開政有命，天牌至於再臨，而百爾思之，冒進無路，荐犯違傲，恭俟重辟，聖度寬容，猶靳例勘，渥恩如天，寧不感戴，而臣之情地，益復危蹙。

伏惟天地至仁，無一物而不欲其生成，如臣微情小諒，亦宜蒙被聖明之矜察，玆承嚴召，祇詣闕外，冒暴至懇，上瀆崇聽。

伏乞聖慈俯察臣肝膈之辭，亟賜刊去臣新授官名，仍將臣逋慢之罪，嚴行勘處，俾令微尙獲全，邦憲無弛，則臣當以罪爲榮，隕結是期。

衷情所激，辭不知裁。臣無任屛營悚慄之至。

## 辭吏曹參議疏【再疏】

伏以臣至愚極陋，過蒙恩造，頂踵、毛髮，實非臣有。夷險、劇易，所不敢擇，況玆華貫顯秩，世所稱艶者，臣獨抵死而力避，危蹙迫隘，至於斯極而不知反，亦何心哉？誠以臣家世謹愼，賦性懦拙，凡於要權之地、衆趨之塗，中心畏惕，不啻若握火探湯。又重以才甚短望甚淺，而位愈進地愈顯，必將下招疾顚之灾，上辜仁覆之恩。思之至此，寢驚夢愕，寧欲逃遁而不得，臣之此情，鬼神鑑之矣。

臣竊聞前輩故事，力辭銓路，終不拜命，非止一二人。

至有入銓之日，卽出都門，徑還鄕居者，先朝卒許其辭，後人傳爲美談。此固碩德、名卿恬風雅操，臣之眇末頑頓，誠不敢輒有傚擬，虞人之非其招不往，守之以死，而聖人亦不以爲過。若臣匹夫之諒，夫豈不足比虞人之數哉?

區區微志，自定有素，特敎嚴截，而不知轉動；召牌絡續，而無由趨承。惟是遄卽重辟，庶幾粗安於私心，恩貸太寬，罪戾彌積，而惠文之彈，亦止問備，此何足以當臣負犯之萬一也?

臣竊見兩堂之疏，皆以賤臣去就，有所提說，臣於此又不勝其悚仄也。外言之紛紜，臣亦稔聞。人客之過臣者，皆意臣之不出，實由此事，多以是爲問者，而臣於見職去就，已有素定於心者，餘外嫌端，初不暇念及。故只以臣素志對之而已。

然臣之本意，旣難戶喩，人之爲言，日以廣播，則銓長之慮臣或以此爲難進之一端，亦不是異事，而臣於聞命之初，固已矢心必遞，則雖微此事，實無冒進之理。

天牌之下，不敢坐違，輒復隨詣禁扃之外，而咫尺之守，迷不知改，跼蹐高厚，求死不得，瀝血陳懇，仰瀆崇嚴之聽。

伏乞聖慈俯察臣之微情、苦忱，亟遞臣職，因將臣積逋之罪，嚴賜勘斷，庶使頹綱少振，具僚知警，公私不勝幸甚。臣無任屛營祈懇之至。

# 月谷集

## 卷八

疏箚
應製錄

# 疏箚

## **辭副提學疏**【戊午】

伏以臣於日昨伏奉除書，以臣移拜弘文館副提學。臣誠怵然震恐，惝然驚惑，繼以慙汗浹背，無所置身，歷累日而靡定也。

竊念國家妙選才彦，寘之經幄，畀以成就君德之責，而其裒然居一館之首，以總率群僚者，職任之至重，遴擇之極嚴，視他員不啻逈絶。在古名臣碩德尙或逡廵而退遜，雖今人材日下，官方漸壞，不能比前昔之盛，而亦豈謂是職乃及於臣身也？

臣本顓愚無似，荒怠自棄，實無尺才寸長可以充文學之選而備顧問之末。自初猥玷館職，固嘗冒死力辭，終以怵畏分義，不能牢守本分。出入講筵，首尾亦將二年，釁尤屢生，短拙畢露，其於啓沃獻替職分之所當爲，曾不能萬一稱塞，實無毫毛裨補於君國者。

伏惟天鑑孔昭，必有以臨燭，而微臣竊祿尸位之罪，已不可勝贖矣。臣於是內省慙悼，靡所容措，引分自晝，屢犯違逋，不敢復爲廁迹金華之計，卽其所矢於中心者然也。

旣而猥蒙恩擢，官秩益進，在臣微分，豈不濫越？然且忘負乘之戒，藉奔走之義，惟以隨職殫力，不避顚沛，爲少報涓埃之圖，而乃若今日所叨，雖使眞有出人之碩望而曾無瘝官之積罪者當之，猶且瞿然斂避，不敢輒進，況臣何人，乃敢擬議於此乎？

嗚呼！程功課績，陟能黜否，王政之要，莫大於是。聖朝寬仁，縱不追理臣廢厥職之辜以儆具位，亦豈宜顯加拔擢，置之論思之首席，若有以奬飾之者乎？

今使臣昧於自省，徒貪榮寵，晏然冒進，如固有之，其仰累淸朝綜核之治，而旁貽金閨群彥之羞，爲如何哉？

且臣以寒門素族，世守謹拙。臣又夙罹險釁，孤露伶俜，而倖竊科名，過蒙洪造，凡所敭歷無非要塗峻選，以至於今，所忝竊而極矣。

天道惡盈，小器易溢。誠恐眇福太過，自招殃咎，上以孤負國恩，下以荒墜先訓，夙夜危慄，如蹈淵氷，炯炯此心，鬼神鑑之。非敢有一毫文飾以欺吾君父，而欲竊取克讓之名也。自臣叨此匪據，竊意臺議未泯，必將論正，縮伏顒俟，不敢自列。

會値館直俱空，天牌荐降。兩日三違召命，其罪固合萬死，而聖慈寬假，輒靳常勘，特敎誨諭。辭旨溫諄，重推之命，匪罰伊恩，螻蟻微臣何以得此於聖明？惶感之極，宜卽竭蹶叩謝，而顧惟所縻之職，非若閒漫職司之容可黽勉趨承者，寧以一身蔽逋命之辟，終不敢昧分忘義，冒竊匪分，玷聖朝之官方，而速僨敗之大戾，反復思量，莫知所出。

玆於特召之下，祇詣闕門之外，不避僭越，冒暴血懇。

若其孱骸痼疾，無望陳力之狀，亦不暇竝瀆者，誠以私義至隘，微諒莫改，疾痛之呼，惟是之急焉耳。

伏乞天地父母俯垂矜察，亟命鐫臣職名，因勘臣屢逋之罪，以重王朝任官之政，以爲人臣慢命者之戒，公私幸甚。臣無任屛營祈懇之至。

**辭大司成疏**

伏以臣素患痰癖之症，輾轉添痼於累月，供劇之餘，不得不冒上長單以冀恩遞，不自意三告方入之日，移授國子之長。臣於是職二朞之中，凡六被恩除矣。雖使臣誠有可以當此責任者，猶不宜妨賢至此，況其頑鄙駑劣，文質無當，其於表率多士、振作頹風，不啻千不似萬不近者？

最初辭疏所陳，非敢爲絲毫例讓，而每當副急之用，徒怵積逋之誅，間亦黽勉供職矣。然而事過之後，旋卽引入，終未敢爲因仍冒居之計，是則聖明想已俯燭矣。

今以前之黽勉副急，迫不得已之出，而選部之擬，恩點之加，有若非臣莫可者然，始知臣守志不堅，抗顔竊據之罪，有不可追贖者。又何敢隨除輒承，迷不改圖，眞有若非臣莫可者哉？

若其病勢之危苦，實亦有雖欲自力而不可得者。近復困於溽暑，諸症越添，胸膈痞悶，食飮不下，頭暈目眩，嘔逆兼作，寒熱交攻，虛汗如瀉，頑痰乘勢，遍身刺痛，有時叫苦，若將昏窒，雜試湯焫，訖無寸效。其視日昨請急之時，不特落下數層，時月之間，豈有復起供仕之望哉?

天牌之臨，竟至坐違，病中悚慄，益復罔措。聖度寬假，猶靳例罷，渥恩如天，惶感彌增。而顧以身抱難强之病，虛帶匪據之任，一日癏曠，轉增一日之罪，玆敢力疾哀籲，仰瀆宸嚴。伏乞聖慈俯賜矜諒，亟命鐫臣見職，因治臣逋慢之罪，俾重任毋曠而頹綱少振，公私幸甚。

臣雖未拜命，旣縻官銜，輒以職事所關，敢此陳稟。伏聞頃日筵中，有李思復等名字有無，考出《青衿錄》，而疏儒之被其僞署者，聽其自首之命。噫! 名以儒疏而乃至於冒錄僞署，則實士林莫大之羞恥也。疏儒之入於僞署而自明者，固當依下教擧行。而思復則今朝呈單自現於泮中，館僕來告於臣，而臣旣未出仕，例不得受單，故使之退去矣。

臣竊嘗念《青衿錄》者，卽是學校多士載名之籍，而國家之設膠庠育人才，必養之以廉恥、節禮，凡所以培敎化之原也。今爲一思復之事，而創開無前之規，乃使四學齋任遍搜名錄，審覈有無，類若官司考出帳籍之爲，則殆非所以崇學校而重儒籍也。況今思復自現之後，更無難知之端? 恐不必搜考庠籍，以損儒黌之事面也。臣旣有淺見，敢此附陳以備裁處，惟聖明照察焉。

## 辭副提學兼陳所懷疏【己未】

伏以臣積逋威命，自速囹圄，悚懍震越，顒俟重勘，誠不意聖德如天，特賜宥赦，召牌踵臨，趣臣供職。臣銜恩訟愆，且惶且感，忽不知此身之所在也。臣頑非木石，亦有犬馬依戀之微性，誠使其情有一分可以强承恩命者，豈敢違逋至斯而不知動哉？

顧以畸寒之迹，乘過分之福，愚拙之資，冒至艱之世，官益進而地益淸。逡巡恧縮，非出克讓，憂畏懦怯，實是天性，斷斷此心，天日庶或臨照，而至於見職，無論責任之至重，萬不稱似，卽其情勢，有不容冒昧進身者。

臣於昔年叨侍講席，亦幾二周歲矣。惟是庸愚踈謬，廢職素餐，其於格王正事之責，實未能絲毫効其職分，而瑕尤百出，釁戾層積，凡其顚躓僨敗，皆臣所自致者。今雖不敢每每瀆引，冀被倖逭之辟，而孤負聖上任使之意，其罪實難追贖矣。

淸朝金華之列，非賤臣戴罪尸祿之地。縱使隨行平進，猶不宜復萌彈冠之意，今乃憑荷寵靈，揚揚冒據一館之長，則臣雖欲厭然自掩，聖朝黜幽之典，其可緣臣而遂廢乎？玆敢隨召詣闕，冒暴至懇，言出肝肺，非敢毫爲矯飾以欺君父也。

伏惟天地至仁，曲遂物性。儻蒙矜諒，亟命鐫臣職名，仍治臣逋慢之罪以勵臣工，則重辟之加，臣實甘心矣。

臣竊伏念，今以史冊事告廟稱慶之禮，已卜日矣。臣於此既有區區所懷，輒敢附陳焉。嗚呼！惟我聖祖撥亂反正，昭揭倫彝之功之德，卓冠百王，而野史記載之謬，乃有不忍聞者，凡爲先王遺黎者，孰不痛心？此所以經閱三朝，累遣使价，必期於刊正昭洗而後已者也。

顧今日冠裳倒置，諸夏無君。赫赫皇明，我先王所以父母事之者，今旣淪喪，而藩屛之國，因極無所。舊編之刊正，乃不免祈求於殊庭，嗚呼！豈不哀痛哉？由是之故，當此議之始發，文忠公臣金萬基諸人之議，輒以道理時勢，拳拳爲言，而到今百年之運尙延，一淸之期未回，皇朝十六帝玉版、金匱之籍，其筆削與奪，乃成於彼人之手，此誠忠臣義士飮泣哀痛處也。

弱國無藉，欣慽繫人，我使之冠蓋相屬，冀其刊雪者，豈欲以是而爲榮哉？此誠朱子所謂"忍痛含寃，迫不得已"者也。乃今竣事而歸，豈非不幸中之幸，而其痛寃之本心，固自如也。

伏惟我聖祖慶節登園，涕泣行禮之心，孝廟"至痛在心，日暮途遠"之批，千載之下，令人隕淚，嗣至列聖，益篤此義。我殿下深追遺志，寤寐靡替，炳然尊周之義，累發於綵綸。今日之事，臣雖迷昧，亦豈不知不欲鋪大之聖意也？

"有事則告"，禮有其文。告廟一節，蓋循前事，而第臣愚意謂宜命代撰之臣，辭句之間，必以"痛寃不得已"之意爲主，然後方合乎列祖之志事。而若乃稱慶之禮，求諸痛寃之本心，誠有所不忍者焉，如使此禮之行否或有加損於本事之重，則不可議爲。第今不稱賀不頒教，實未嘗一毫有損於已竣之本事，而我之忍痛含寃之意，尙可因此而少伸焉，則此豈不增光於聖祖而有耀於聖德也？惟殿下深念焉。

或者有謂：“我國之有求於彼中，如封冊之告完，例皆頒慶宣赦，則何獨於此而不可？”此亦有不然者。惟今史事在本國，固是不幸之幸，而事有關於華夷變革之故，則俯仰今昔，其痛愈深，不可以封冊稱慶，引以爲例也明矣。

今或少忽於此義，而一國上下惟動色相賀而已，則將何以寓吾《匪風》《下泉》之悲，而有辭於天下後世也？臣欲望殿下降諭有司之臣，陳賀頒赦之節，俾勿擧行焉。

臣治此疏未及上，而適會累日對吏，今始拜稽封章。誠以玆事實係義理綱領，耿耿愚忱，不能自閟，非敢以論思自居也。亦惟聖明之垂諒焉。

## 辭吏曹參議疏

伏以臣頃叨館職，自犯違逋，一旬對吏，兩朔胥命，聖慈天覆，罰止奪職，臣含恩訟罪，感祝無涯。曾未數月，旋使收叙，繼有槐提之命，又未幾而復承銓部恩除。臣旣身負重辜，而偏荷聖明寵顧，乃至於斯，雖冥頑如木石，寧不感動哉？誠宜竭蹶趨命，少伸微忱，而顧惟臣之向日違牌，雖緣情地迫隘，萬不獲已，而當諸臣被罪，嚴命荐降之時，乃敢復犯違傲，其罪實倍蓰於他僚矣，卽其所被嚴敎，斷以常法，則鈇鉞之加，臣何敢逃？始旣倖逭重辟，旋復忝叨華秩，在臣則榮感至矣，而王朝刑政實緣賤臣而隳壞，臣雖欲憑寵匿罪，抗顔冒進，其於義分之萬不敢何哉？

且伏念臣於見職，從前力辭，實非敢故爲撕捱，而容光之照，猶未俯燭，除命之下，今至三矣，臣請畢暴衷情而冀聖明之矜察焉。

臣家法拙素，天性庸懦，而不幸早竊巍科，遍歷淸華，過福之懼，耿耿在中，權要之塗，矢心斂迹。頃年猥叨銓郎，抵死祈免，而畢竟迫於分義，冒昧一出，大政才訖，人言踵發，交章侵攻，不遺餘力。

臣誠自悔不能堅守素志，卒取顚沛。力拒嚴命，終至對吏譴罷，實出廉義之不容已，而銓席一步，已爲謝迹之人矣。及其官秩旣進、踐歷愈峻，怵惕憂畏，實如履薄臨深，而今所忝叨，其權任之重，視郎官又有加焉。顧乃貪冒寵榮，弁髦素志，昧息補之義而犯懲吹之戒，天下寧有是理也？

念臣不肖，世荷洪造，義均休戚，恩浹頂踵。苟有補報之道，蹈赴湯火，臣固甘心。矧乎榮班膴職，人所艶稱者，臣獨何心力辭至此？誠以私義至隘，拙分難越，咫尺之守，迷不知改。

昨違天牌，又逭常典，跼蹐天地，撫躬自悼。重推特召之下，不敢坐違，祗詣闕外，冒陳血懇。伏乞天地父母俯賜矜諒，亟命治慢命之罪，鐫臣匪據之職，公私不勝幸甚。臣無任屛營祈懇之至。

## 辭江華留守疏【庚申】

伏以臣頃於政席退出之際，祇奉除書，以臣爲嘉善大夫、江華府留守者。臣含恩感激，揣分悚慄，縮伏私次，食息靡寧者已累日矣。

竊念臣才駑品下，誠不足備任使之末，而遭値聖明，沐浴洪渥，前後歷踐不啻踰溢涯分而已。惟其疎頑愚鈍，終無以答隆眷之萬一，臣方怵然愧懼，夙宵自訟，寵擢之命，豈臣寢夢之所思也？

噫！國家保障之地，惟江都爲最重。自祖宗朝膺是任者，皆名卿、顯宰識務幹事之人。雖今人才不逮古昔，求其望實之居臣先者，豈可勝計？而乃忽以如臣迂疏蹇拙百無一能者，進自下大夫之列，擧而授之無難焉。淸朝貳卿之秩，非人人所可夤緣濫躋，臣之菲材薄福，必招顚墜之災。此已足爲寒心，而況以不經事之一學究，猝然受此重寄，其安能撫輯軍民、壯固關防，以不負殿下委畀之意乎？微臣去就，雖若細節，而卒有僨敗，必將貽害於國，臣所以深憂大恐者，豈出於區區克讓之私也？

且臣於頃年被嶺閫之命也，臺臣以未歷州郡爲言。雖批旨靳兪，而終得蒙恩解擔，自後數年，臣常居內，未經外授，其於簿書錢穀之事，不能諳習，猶夫前日也。

今玆所叨，實兼牧禦之責，其事殷而任劇，固不下於方面，則豈可以歲月之旣久、職名之稍異，居之晏然，不思所以自處也？

臣又伏聞，日昨廟堂以大政時數三外官之移除，請推銓官。臣以參政之人，非責之來，理難自安，此皆臣不可冒進之端也。恩命旣降，不敢一向偃伏，職任至重，非可引日虛縻，輒具短疏，冒昧自列，儻蒙天地父母俯察肝膈之懇，毋靳鞶帶之褫，將臣新授職秩，竝行鐫改，有以重公器而安賤分，豈惟臣獲免於罪戾？實國事之幸也。臣無任屛營祈懇之至。

**陳情疏**

伏以臣幸遭聖世，受恩如天，頑愚無狀，曾未有絲毫之報，宜不敢復以微懇仰干宸聽，而情私悲切，終未自抑，不得不涕泣陳乞以冀仁天之俯矜，瀆冒之罪，實合萬死。

臣釁戾深積，生命零丁。先臣旣早歲見背，本生父正郎臣晉周又不幸短世，而鮮民之生，頑然苟存，托庇先蔭，蒙荷國恩，年纔踰强，叨列貳卿，在臣一身，誠是至榮，而九地深幽，誰與爲悅？

竊伏惟國家深仁體下，廣宣德意，臣僚官二品者，法得推恩贈封，而臣之先父，位躋極品，榮贈之典，旣無可施矣。

在前廷臣情事如臣比者，輒乞以應得追榮父母者，移贈於所生之親，皆蒙恩許，德甚盛也。雖以臣家舊事言之，臣祖父忠貞公臣斗寅，以故主簿臣翊之子，爲伯父監司贈左贊成臣翽之後。臣祖父官至正卿，而臣曾祖臣翽先以他事受贈。故臣祖父擬一陳情，冀得以所當追贈者，回贈於本生父，未克遂志而沒。先臣封章陳懇，援唐、宋故典及近世驪陽府院君臣閔維重家事，乞成其先志。肅宗大王賜批曰："省疏具悉卿懇。疏辭可不依施焉？" 於是臣祖父斗寅之本生父翊得贈吏曹判書。

臣在幼時，先臣常莊誦聖批，感泣恩榮，而其後故相臣申琓、故判書臣權忄＋省皆用此例，得移贈其所生親。臣之不肖誠孝淺薄，固不足以上格旻天，而惟我殿下仁恩覃洽，無物不霑，若蒙哀矜賤臣而察其悲懇，追先朝已施之恩，據公家曾行之例，特命以臣所應追榮之典，回授於臣本生父母，俾微臣父子世世獲被湛恩殊渥，則臣雖黛下，無以仰酬洪造，而異日歸見先臣，庶幾共圖結草之報。情戚辭溢，不知所裁。臣無任屛營祈懇之至。

## 辭大提學疏

伏以臣本月十二日在江都任所，伏奉文衡新除之命。臣誠驚惶震惕，直欲逃遁而不可得也。伏惟我國家崇重文治，建置此官，俾作一世儒學文章之司命，其責任之隆，選用之難，固聖明之所深知，不待臣瀆陳也。

今雖人才陵替，不及祖宗盛時遠甚，豈宜使不學無文荒嬉自放之一後生巍然冒居三館之長，以駭四方之聽，而招後世之譏也？且伏念朝家用人，最重政例。前望下批，實非常格，在他職猶且不可，而況於此任乎？

卽以原任大臣所引故事言之，自國初三百年，至丁卯而始有之，自丁卯數十年，至乙巳而乃有之，可謂至稀濶矣。然其所用實皆衆望所屬，則國不爲失政，而人亦無二辭焉。

如臣者始雖濫厠薦末，謬占圈數，適足以資一時之笑端，又何敢夤緣竊據，若固有之，上以玷累聖簡，下以干冒公議也哉？臣竊觀前輩受是任者，必皆雍容修辭，遜讓爲禮，而臣誠無似，不敢陳列本末，較絜人器，與議於辭受之節，且意司直之地，必有擧正之論，泯默恭俟，蓋已多日。

伏承促召之敎，昨纔祇詣輦下，而虛縻榮銜，經閱旬月，又是罪之大者，不得不略布衷懇以冀處分。伏願聖明深念重任之不可謬加、常典之不可遽壞，將臣新除文衡之任，亟行改正，公私不勝幸甚。至於京兆本職，亦係詞訟緊務，非臣迂鈍所可堪稱，更乞竝許鐫遞，俾安賤分焉。臣無任屛營祈懇之至。

## 辭大提學疏【再疏】

伏以臣冒陳至懇，上瀆崇聽。雖其震惶之極，不暇畢辭，而尙冀聖明深惟祖宗建官之意、淸朝擇人之政，卽收前命，以遂微願矣。及奉批旨，大違所圖，臣誠俯仰跼蹐，不知措身之地也。

竊惟國朝選授文衡，格法甚嚴。其有缺也，必令曾任人薦擬以進，又必令三公、九卿會圈于朝堂，然後乃始擇而用之。或有故不能卽行，則寧且虛其位而未嘗廢是法。至於特用前望，雖曾有之，必其一時事勢有不得已者，非可以爲常也。

且伏見國典，曾主詞盟而薦進新望者，未始拘於年載之久近、遞代之多少。在祖宗朝，大臣之遞文衡踰二十年，閱八九新位，而承命薦望，固有故事矣。今爲元老之過自謙抑，遂廢新薦，而遽用舊擬，夫豈所以重文任而嚴選法也？臣之不敢冒進，旣以此一節爲重，則其才器之稱否，固不暇論，而伏蒙聖批過賜奬借，若以臣之無似，眞有可以堪此職者，臣於是又何敢以煩猥爲懼，而不一陳其情實也？

臣幼學家庭，僅通句讀，而不幸荐罹禍創，悲哀喪心，疾疢嬰身，仍成弛放，自甘暴棄。經業文藝一未用力，時或繙閱雜書，拈弄浮辭，聊以消憂遣日而已，絲毫無當於實用，兀然今且半生矣，撫心悼嘆，蓋已無及。徒以場屋僥倖之名、朋儕假借之譽，世或意其有雕篆寸技，而反顧本末，臣竊自笑。不謂藉此遂至辱睿簡而竊重柄，卽臣無狀，欺一世而不足，終又上欺聖明也，此其罪負尤不可贖矣。

抑又念臣以煢然鮮民，竊科圖榮，偏蒙渥恩，驟歷淸顯，常恐涯分過溢以招眚咎。年始踰强，立朝僅十三年，而乃又登筵閣握藝衡，此固前輩名臣所罕有者，殆臣眇福旣盈，而天將有以遺其災也。臣若依倚寵光，冒進不止，顚沛之虞，理所必至。臣身雖不足顧，其於負國恩而墜先訓何哉？念之及此，未嘗不驚心竦骨，區區疾痛之呼，又安能自已也？

臣之虛縻此職，已過二旬。昨以端午帖子出韻課次事，兩日之中三被嚴召，而臣則頑然偃伏，自犯違傲，論以常憲，合受重辟。伏乞聖慈俯察微懇，亟鐫臣新授文任，仍治臣慢蹇之罪，以肅朝綱，以安微分，公私幸甚。

**辭大提學疏**【三疏】

伏以臣虛縻重任，積違嚴召，刑憲不加，敦迫彌勤，俯仰高厚，無以自容。臣之菲誠拙辭，固不足以上格天聽，而竊覵聖明若以其連章苦懇，爲專出於區區之私者，臣尤不勝悶鬱也。

竊惟學校以興德義，文詞以飾治道，科擧以進人才，國家氣脈實係於此三者，而其隆替興壞之機，又係於文衡之得人以否，可不念哉？今也停新薦而取已藏之故紙，廢常格而援稀有之特典，畢竟所用，乃一無狀賤臣，此豈聖朝其難其愼之道也？

臣出入從班今已十三年矣。伏惟聖上日月之明，固應畢察臣長短。雖其極庸不才，而愚樸之性，不至於矯詐，前疏之所自列，豈敢有絲毫掩飾以欺君父也？蓋其荒怠放逸，作一棄民，學不足於記問，文不濟於實用，師表多士，潤色鴻猷，固不敢擬議，而僥倖群試早竊高選，科程諸體實未致功，鑑別之明亦不能及人。持此而進，將何以効職分之萬一哉？

噫！近來官方日趨淆濫，蓋無職不然，而至於文衡，猶尙兢兢也。見今曾經此任及出入館閣之臣，詞學老成，望實充著，爲輿論所歸者，非止一二人，而顧皆置之不用，乃以眇然後進無寸長可取者，越例而授之，國朝文柄之重，於是乎遂大壞，而其溺職敗官以誤國事，必無幸矣。則臣之冒死力辭，豈爲一身之私哉？

臣聞古昔上有所授而下有所讓者，必以三辭爲節，此固禮之常也。今臣之攀籲旻天，屢瀆而不止，實由於迹窮情隘，無所因極，非敢傚古人之禮辭，而卽其違拒明命、虧缺臣分，亦國法之所罔赦。伏乞聖明深留睿念，亟許削臣職名，仍命所司，勘其罪犯，使名器不墜而法綱少振，千萬願幸。

臣於今日已與江都新守臣尹得和面交符印，而咫尺闕門，未由冒進，謹令褊裨替納密符。臣罪至此，尤無所逃。臣無任震悚俟譴之至。

## 辭製進《孝宗大王追上尊號玉册文》疏

伏以臣於文衡之職，豈敢一日冒承，而適際國家連有大議、大慶，臣子之義，不暇顧他，抗顔供仕，忽經旬日，玷累名器，固已極矣。昨又伏聞上謚都監以臣名啓玉冊文製述官，臣誠震悚駭汗，不知所措。

伏惟今玆典禮，實是千古盛擧，糞土賤臣遭逢斯會，得與握管之役，豈非其至願極榮，而顧臣綿薄之才、拙陋之辭，決知不能摹繪天日，揄揚德烈，以焜耀於百世，而稱我殿下不匱之孝思，則雖欲昧然承當，其敢得哉？

在前朝家，大述作必委一世鴻碩，未嘗以時任文衡爲重，事例班班，不難稽也。目今元老鉅匠、館閣先進可任此事者，固不乏人。臣若嚴畏囁嚅，不早推辭，終使宗廟典冊之重未免有餘憾，雖身伏重辟，亦何由贖也？伏乞聖明俯賜鑑臨，亟將玉冊製述之任，改命他人，庶使大事不至僨誤，微臣得免罪戾，不勝至幸。臣無任兢惶祈懇之至。

# 應製錄

## 孝宗大王追上尊號玉册文【庚申】

彝倫丕叙，盛業當一治之期；典冊加隆，鴻號闡無競之烈。物采增煥，忱誠庶伸。

恭惟行高百王，志回三代。困衡拂亂，道合姬文之明夷；精一危微，心傳皇考之懿法。天既降以大任，聖實啓於殷憂。

函夏沈淪，瞻稂著而興慨；冠履顚倒，撫玉帛而增傷。卓矣匡復之英圖，固非成敗之逆覩，魚水托契，洋洋巖穴之賢；羽林字孤，翼翼熊虎之旅。敷文奮武，自有正大之規；治法征謨，一洗功利之陋。嚴恭寅畏，罔敢弛勞，蹈厲發揚，恐不逮事。

雖日暮途遠而遺至痛，幸天綱地紀之賴無隳。偏荒外藩，獨守尊王攘夷之節；愚婦蚩庶，皆存忍恥含寃之心。箕封之禮義彌光，麟筆之經法斯著。豈徒啓佑我後嗣？允宜表式于萬邦。百世不祧，旣隆太室之肆祀；壹惠爲謚，猶懼宏業之未章。斯舊典之有稽，合尊名之追揭。

明天理於旣晦，純然制事之合宜；正人心於將淪，沛乎行道而有得。懿德立民生之極，大義竝日星之輝。聖志昭彰，固神祇之可質；休烈巍蕩，詎摹繪之能形？禮是將於湯孫，典刑匪遠；功不在於禹下，樂利無窮。吉日于差，縟儀斯備。謹遣云云。仰冀冲鑑，俯格微誠。不顯不承？揭耿光而無射，俾昌俾熾，申福祉而彌遐。

### 大殿上尊號玉册文

聖化覃治，方撫亨泰之休；義問宣昭，聿進崇賁之號。蓋彝章之是率，豈盛德之能名？

恭惟明睿之資，緝熙于學。涵育群品，式推至仁至公之心；寅畏上天，罔弛如臨如履之戒。猗孝弟爲施政之本，故治敎不出家而成。安寢膳而虔宗禋，猶是常節；通神明而動天地，斯謂盡倫。弘敷寧考之徽猷，善繼其志；光闡景廟之丕托，則友于兄。

至若逆亂之剗平，寔仰聖斷之揮廓。神筭預定，鯨鯢咸伏於斧礎；天威赫臨，氛祲永淸於寰域。扶倫綱而昭揭，豈徒景命之靈長？歷艱險而安貞，終賴實行之孚感。

大哉殷湯之德！惟立愛立敬之是先；皇矣周室之隆！在丕謨丕烈之克著。休光可垂於永世，懿美允協於巍稱。撝謙德而抑群情，不自居聖；奉慈敎而循舊典，實惟順親。

揚厲莫殫，顒戴彌切，謹上尊號曰"至行純德英謨毅烈"。伏惟勉膺輿頌，益恢宏規。夕惕日乾，配天運而悠久；風行草偃，措世道於雍熙。

### 大王大妃殿樂章《於顯曲》

於顯維德！大邦之母。
翼我嗣王，基命孔厚。
王廸天祿，遹昭休名。
王曰斯休，慈功攸成。
有皇典冊，禮儀彌尊。
如山如岡，積高不騫。
磬鏞和奏，百祥是召。
洋洋德音，亹亹王孝。

### 教慶尙道觀察使金在魯書【甲寅】

王若曰：嶺藩貽瘝曠之嘆，方慮數易，朝家有斥補之典，聊煩一行。雖寬南顧之憂虞，實切中心之嗟惜。

瞻言新羅舊域，卽我海東雄藩。天府金湯，延袤八九百里；雞鳴犬吠，大小七十餘城。鄒、魯絃誦之風，自昔人材之輩出；吳、楚耕耨之俗，抑亦財賦之最饒。允爲大邦之本根，豈但南服之屛衛？

屬今日艱虞之斯劇，而玆路凋瘵之尤深。瘡痍甫完，繭絲保障之俱廢；饑荒荐至，溝壑顚連之可哀。至若政令施措之間，難適張弛緩急之道。今値屢授而旋改，固難其人，疇能共理之惟良，當此重寄？特除雖出於何譴，深意亦存於倚毗。

惟卿以愷悌之姿，有敏達之識，忠恪儉勤，克趾美於先父。材猷詞學，最見推於通朝，橫經廈氈，幾著啓沃之效？均賦湖甸，益見明練之才；安撫中原，識誠臣於板蕩；控搤大嶺，効偉績於誅除。肆致倚仗之采加，歷掌軍賦之重委。

天官簡授，卿雖執於遜謙；宸墨特頒，予益篤於眷待。感激承命，思酬知遇之深；謹愼處權，克勉殫竭之悃。

比緣政注之爭難，遂致銓地之撕捱。卿心莫悟焉，特勤前席之開諭；予志有在也，斯遵新豐之故規。從九卿而左遷，寔是玉成之意，當一面之隆寄，詎緩托重之心？玆授卿以慶尙道觀察使云云。

卿其益殫寸誠，毋視譴補。宣揚德化，效陽春之布仁；振勵威稜，如秋霜之肅物。不徒致力於簿書期會之末，惟當加意於表率彈壓之方。財力已盡於東南，寧忽裕民之道？儒風漸衰於往昔，尤急興學之圖。廟畫筵謨，固知卿如指諸掌；民憂國計，何待予悉播于辭？官自通訓而專裁，罪至大辟則乃禀。

於戲！惟臣子無夷險之擇，必應隨遇而安。雖內外有輕重之殊，孰非盡職之所？故玆教示，想宜知悉。

### 教摠戎使具聖任書

王若曰：三輔倚干城之重，得人最難；四世襲弓箕之傳，匪卿誰克？ 玆循僉擧，庸錫寵章。

惟卿觀津故家，西平名胄。夙蘊韜略，已聞老成之名；歷踐州藩，益見勞績之著。治戎禁旅而壁壘增輝，詰盜京師而桴鼓戢警。固宜休戚之與共，所以獎拔之殊倫。

念京輔鎭守之兵，寔邦家根本所在。猶唐之龍武、神策，悉摠內畿之師徒；若漢之馮翊、扶風，仍屬中尉之節制。委畀視兩局而無間，責任非諸閫之可方。矧今國事之漸艱，重以軍政之益懈？

恬嬉日久，政急甲兵之善敹；飢荒歲仍，其奈尺伍之多缺？伊綢繆訓齊之策，必待其人；顧緩急捍衛之須，疇膺斯任？

玆授卿以摠戎使，卿其深體予意，毋忝祖休。明紀律而所貴申嚴，馭軍吏則宜先子恤。整熊羆之士，欽欽如對壘之時；壯虎豹之威，隱隱若在山之勢。凡諸制置之法，惟在弛張之宜。

於戲！任一國安危之權，所托重耳；司三軍死生之命，曷不勖哉？ 惟敬愼可以報上恩，惟忠義可以濟世美。 尙聽敷心之誥，毋負拊髀之思。故玆敎示，想宜知悉。

### 孝宗大王追上尊號後頒教文【庚申○初本不用】

七廟觀德，旣仰對天之宏休；萬世有辭，聿加繪日之顯號。式擧縟禮，誕敷綸音。

恭惟聖作千一之期，時丁百六之運。兩儀盲晦，理猶復於一陽；百川朝宗，義必東於萬折。密勿荊幄，深衷可質於鬼神；顧瞻周京，至痛不忘於寤寐。秉王道而黜伯術，既立弘規；明天理而正人心，自任丕責。宣業未恢於《吉日》，文齡遽減於中身。

幸玆彝常之罔隳，實賴風聲之永樹。夷夏君臣之大分，獨明吾邦；尊攘復雪之宏綱，式承聖統。宗祀既備於崇報，廟樂庶稱於象成。然惟數字之尊名，未闡一臣之聖志。蓋盛德至善，靡不極於揄揚；而赫業英謨，尙有待於表揭。

猗歟無競之烈！展也沒世不忘！肆循輿情，追隆顯冊。峻德爲天地立極，豈徒表正萬方？大義與日月齊明，可以炳耀窮宙。彰徽贊美，曷能盡其形容？致崇加尊，秖自伸其忱悃。寧考之至願始遂，情文罔愆；太室之舊章斯徵，物采咸備。庶幾俟後聖而不惑，敢曰揚先烈而彌光。時代累遷，慨彼天之不反；世運日降，懼斯義之或湮。玆於云云。

既訖閟宮之盛儀，庸播大庭之渙號。於戲！啓佑之謨罔缺，涵煦之澤無垠。承艱大之丕基，敢弛戒懼之念？囿匡直之遺化，庶覩昭明之休。

**改本**【承命改撰】

王若曰：曾孫篤駿惠，式仰對天之宏休；萬古垂鴻名，聿加繪日之顯冊。縟禮既將於備物，綸音誕宣於多方。

恭惟孝宗大王，睿智出天，孝弟盡道。克君克長，季歷嗣太王之基；惟一惟精，大禹受重華之訓。聿追皇考之遺志，思濟時運之孔艱。揚武烈而覲文光，自任丕責；遵王道而黜伯術，克恢弘規。

嗟聖筭之未延！奈昊天之不吊？尙賴風聲之永樹，幸玆彝常之靡隳。箕域之禮義彌彰，斯啓佑之罔缺；殷宗之禋祀孔秩，蓋崇報之旣隆。然念數字之尊名，未闡一治之丕績。惟盛德至善，靡不極於揄揚；而赫業英猷，尙有待於表揭。

猗歟無競之烈！展也沒世不忘！肆循輿情，追隆顯號。正人心於旣墜，德表萬邦；明天理於將湮，義炳窮宙。彰徽贊美，曷能盡其形容？致崇加尊，秪自伸其忱悃。寧考之至願始遂，情文罔愆；太室之舊章斯徵，物采載煥。庶幾俟後聖而不惑，敢曰彰先烈而彌光。玆於本年六月二十二日，加上孝宗大王尊謚曰“明義正德”。

纔訖閟宮之盛儀，庸播大庭之渙號。聲明洋溢，聳四方之觀聽；惠渥滂沱，答群心之欣忭。於戲！匡直之敎未遠，涵煦之澤無垠。祇承丕謨，敢弛兢懼之念？咸囿遺化，庶臻昭明之休。故玆敎示，想宜知悉。

## 上尊號頒教文

王若曰：屈初志而循廷籲，顯號是膺；稽古典而崇母儀，縟禮斯備。爰推解澤，庸播渙綸。

言念眇末之資，嗣守熙洽之業。奉緖訓於寧考，焉有善繼之休？承丕托於皇兄，實乏重光之美。惟嬛疚之至痛，終身不忘；謂孝友之可稱，於心增戚。

若夫亂逆之底定，豈曰廓平之有功？祖宗德澤之厖深，士民協志；天地神祇之昭赫，妖孽就殲。蓋已臨御之多年，常愧治化之未究。

顧以群下愛戴之悃，欲遵列朝隆賁之儀。念時世之艱屯，固不知南面之樂。仰功德之巍蕩，況敢望前武之繩？盈庭力爭，雖諒其苦懇；敷腹多誥，非出於過謙。秪緣慈教之特勤，未克素心之終守。

自顧菲薄，冒膺鋪揚。苟非聖人，孰能盡倫盡性？夫惟哲后，斯謂之德之純。既無事業之可觀，又何"謨"、"烈"之足道?。崇飾休典，曷副歸美之情？推闡慈功，彌切致隆之願。尊親莫大，奉顯冊而罄懽；忝先是憂，撫彝章而興惕。縱慙徽名之不稱，惟幸微誠之自伸。

遵同慶之常規，禮有所重；布多方之大號，思與維新。茲當飾喜之辰，聿施蕩垢之渥。於戲！人心之祈嚮方切，予懷之兢懼彌深。惟時惟幾，戒一念之或懈；胥訓胥保，期庶績之咸熙。故茲教示，想宜知悉。

**祈雪祭文**【癸丑】

國有疆土，維神是憑。

曰雨曰暘，靡告不膺。

由予多愆，饉荒頻仍。
嗣歲之慮，寤寐戰兢。
維冬無雪，迺又咎徵。
來牟將敗。暇望秋登？
相彼顚連，神胡不矜？
庶霈祥霙，靈貺是承。
【右社稷】

眇台小子，承玆丕基。
迺令遺黎，積罹饉饑。
靜思厥咎，若痛予肌。
値斯深冬，雪霰愆期。
民其奚恃？ 麥亦將萎。
心焉憔惔，何所控依？
於昭陟降，尙念在玆。
三白之祥，八方是綏。
【右宗廟】

肅彼坎壚，陰靈攸宅。
一氣凝沍，生意斯復。
興霰釀雪，孰非其職？
及玆仲冬，尙慳玄澤。
機緘錯遷，弗翕奚闢？
麥將無苗，民必顚躓。

憂心孔疚，匪神曷祝？
冀降冥貺，亟霈盈尺。

【右北郊】

## 豐陵府院君趙文命致祭文

咨予寡德，値玆艱否。
訏謨匡棐，惟相是倚。
云胡不幸，災荐樹稼？
二三輔臣，相繼歸化。
噫卿云亡，歲亦逾朞。
緬懷忠勳，怛焉心悲。
回瞻國勢，我憂維棘。
天怒民咨，綱紀壞析。
譬彼舟流，奚所依届？
反躬省尤，弗寧寤寐。
臨筵有講，陸子遺編。
勤懇剴切，罔非法言。
繩愆弼違，百王龜鑑。
尤中予病，允矣針砭。
開卷警惕，怳然興喟。
勸講之言，始悟卿意。
存誠納約，牖以古書。

蘇進宋辟，魏借董謨。
感卿遺忠，顧予多恧。
納君無過，卿所蓄積。
由予未弘，弗克虛受。
憂愛一心，蘊而未布。
藉彼良猷，示予柯則。
有味其言，如寐斯覺。
冥冥九原，卿則無吪。
細氈討論，秖益傷嗟。
予讀玆編，儻未躬行。
卿非負予，卽予負卿。
終始服膺，庶慰不昧。
卿諒予忱，尙歆斯酹。

## 陶山退溪書院致祭文

於皇烈祖！敦教作人。
彬彬儒碩，丕闡斯文。
東南講道，益多名賢。
巍然金、鄭，亦有文元。
國人攸式，景行高山。
集厥大成，迺得卿焉。
猗卿盛德！金鍊玉純。

淵涵造極，靜厚如坤。
具玆衆美，功則百千。
超然急流，志厭駟軒。
兩朝虛佇，舟楫巨川。
抱吾遺經，守道丘樊。
從容其中，溯委逢源。
紫陽全書，尤所仰鑽。
邈矣千祀，所會者神。
匪直嘉惠，寔惟素臣。
四七微蘊，陳、王糾紛。
研思極辨，毫縷必分。
反誠于身，動中方圓。
醇粹積中，輝光著宣。
逍遙玩樂，水智山仁。
悠然浴詠，有秩童冠。
時雨布化，功施無垠。
人亡道在，日星中天。
予懷典刑，寤寐靡諼。
《十圖》要訣，《六條》箚陳。
單心服膺，慨未同辰。
尙賴彝訓，牖我蒸民。
鄒魯舊邦，遺化尤敦。
鄕黨孝弟，黌塾誦絃。
親上好義，禮俗循循。

皃知先師，戶讀遺編。
里仁爲美，雖古有言。
一方薰善，垂二百年。
苟非至澤，肌浹髓淪。
流澤深遠，曷能斯臻？
緬溯風烈，增予欽嘆。
瞻彼仁祠，想卿盤旋。
武夷九曲，堯夫百原。
天雲活水，神韻則存。
巖棲有軒，硯几無遷。
灑落光霽，如覿座間。
圖繪之命，故事式遵。
齎香展禮，伻我邇班。
春秋孔廡，匪缺精禋。
惟玆泂酌，特表忱虔。
卿其顧享，啓佑彌勤。
永樹人風，亘宙無湮。

## 金浦重峰書院致祭文【甲寅】

天地正氣，待人而行。
間世一値，卿惟篤生。
養其剛大，斂之吾身。

純行盡倫，至誠如神。
希聖之學，佐王之志。
阨于艱屯，以死成義。
獨留耿光，日星昭垂。
頑廉懦立，百世之師。
予懷往烈，撫嘆衰俗。
睢陽舊祠，纔蕆牲酌。
屬拜先陵，睠卿鄉里。
山河炳靈，想厥肇始。
顏巷雖空，段閭宜式。
祭社有所，明禋非瀆。
迺伻春官，陳此瓣香。
靈其顧佑，敦我民綱。

## 永寧殿祈雨祭文

眇台小子，艱大投躬。
良由否德，荐覯饑凶。
幸玆春夏，時若雨暘。
方期有秋，忽復旱亢。
風凄日杲，百穀將萎。
遑遑失哺，哀彼孑遺。
反躬省咎，心焉如燬。

疾痛之呼，父母孔邇。
單誠罄臆，祗事淸廟。
仰瞻祧室，靡遑躬禱。
庸替宗臣，恭薦菲忱。
於昭在上，庶賜鑑臨。
毋以眇躬，尙顧邦國。
默贊玄造，遄降膏澤。

**元子水痘平復後宗廟告祭文**【乙卯】

藐台嗣緒，夙夜□慄。
錫我元良，寔賴庥隲。
日未過百，順經類痘。
勿藥遄愈，自天其佑。
寢床旣安，弄璋如初。
百祥方至，惟憂迺紓。
慶洽神人，歡溢區宇。
罔非先靈，陟降保護。
涓吉告喜，厥遵常儀。
庶幾歆格，益垂遐祺。

## 孝宗大王加上尊號後宗廟親祭文【庚申】

恭惟我邦，大明之藩。

忠貞篤世，永戴皇恩。

天割宗周，事乃罔極。

含寃忍痛，哀此弱國。

禁苑虔禮，《宵雅》潰淚。

先王之志，孝廟是嗣。

於休孝廟！天縱聖智。

修德立經，誓伸大義。

志業中閼，穹昊孰諶？

尙賴遺烈，人不獸禽。

民彝物則，百世罔墮。

光前啓後，天下有辭。

壹惠表行，旣崇旣顯。

惟玆宏業，寔待揚闡。

追隆顯號，我家有禮。

寧考至願，小子斯體。

於昭列祖！庶同忻悅。

躬詣告成，物儀咸秩。

聲明洋溢，宗祏有光。

冀蒙昭假，錫羨無疆。

## 當室親祭文

帝眷東顧，篤生哲王。
文明配舜，勇智齊湯。
艱難泥露，寔天啓聖。
嗣守道心，仁考有命。
孝弟盡倫，嚴恭自祇。
聿修天德，遵王之義。
我思寧王，實遺至痛。
中夏泯夷，北辰靡拱。
瞻懷大邦，淚漬《周雅》。
誓伸先志，以暴天下。
明我天理，正我人心。
我受丕責，曷不時忱？
敷文奮武，卓然治規。
强弱成敗，匪我攸思。
皇穹不助，大勳未集。
惟其宏烈，天地與立。
民彝物則，賴不淪絶。
禮義箕邦，人免被髮。
聖孫繼志，皇壇有奕。
丕謨斯彰，佑啓無斁。
徽稱盡美，宗祀孔明。
尙懼洪業，未極表章。

加隆顯冊，率我彝典。
恭陳備物，曷旣揚闡？
磬筦肅雝，如覿盛德。
庶我歆顧，永貽燕翼。

## 厚陵親祭文

於皇聖德！赫矣重光！
弘贊興運，烈假夙彰。
英威桓撥，克平亂略。
孝友因心，孚洽家國。
謳歌攸歸，誕膺洪基。
垂衣穆清，萬品咸熙。
神器有托，脫屣天位。
高拱太上，茂迓純祉。
基命孔固，謙光益尊。
深仁厖澤，百世難諼。
俔妹儷德，聿垂陰功。
鬱彼喬山，月游斯同。
地豈云遠？誠未克伸。
齊明掃灑，爰卜吉辰。
永懷遺弓，寔維斯月。
霜露之履，愴慕彌切。

恭瞻隧路，僾然如覩。
庶鑑菲誠，昭降孚佑。

# 月谷集

## 卷九

序

題跋

記

# 序

**送族弟仲潤【德會】歸鄉序【己亥】**

吾家素敦睦，族親且鮮。同高祖兄弟十餘人，而又皆家于鄉，積數歲或一見面，無從遊燕會以相親相悅，顧不能與隣里恒人朝暮者比焉。邇者密而遠者疎，固其勢也，吾爲是悼焉。

族弟仲潤往年自陽城來，留余兩月，今年復來，復留余五月。卽文字講討以外，日亹亹談先故事不休以天倫之親，而得昕夕款款之樂，情烏得不至？而其相悅，可知也。

然吾性狹，不自修而責人深，如仲潤賢不猶人，則吾何敢苟爲悅而已？吾見仲潤，處心潔、向學勤，誠可與爲善而能無墜先人之訓者。故心之愛之有甚焉，仲潤其勉矣。

噫！卽遠邇而親疎之，固人常情，而斯亦蔽也。人亦有切於其先祖之子孫者乎。而其居之邇則邇之、親之，其屬之邇則不以邇焉者，亦人情乎？然則苟同爲吾祖之孫者，雖生不識面目，其中心親愛，宜不能自止矣。吾何於仲潤而加親，他昆弟而獨疎乎？

然吾聞"君子愛人以德；小人愛人以姑息"。夫吾門旣衰矣，先祖之典刑日遠，而孝謹、文獻日以益替，如吾不肖益無足追踵先德，滋爲宗族憂。今吾輩宜相責以孝弟、文學，日勉勉不惰，以毋忝祖考而毋辱我父兄而毋貽憂於宗族也。

誠知斯，則雖所處遠，不能從朝晝談論，其勉焉、憂焉之心，固炳然相照也，能有以副此心者，其相爲賜，莫大焉。雖千里，而亦同席也，夫何悼於睽離？吾與諸兄弟相親、相愛之義，其不在斯乎？仲潤歸，以吾言質諸諸兄弟焉。

夫相愛者之於言也，必誠，相愛者之聽其言也，必信且用，吾以是不厭言之焉。

己亥八月上旬，伯玉書。

### 家藏《東書堂帖》小序【庚子】

吾家有淳化歷朝二帖，皆摸勒古今法書成一部者，亦濟濟可觀，余喜觀焉。

幼時閱舊藏，得一散帖亂帙中，尋其目，曰《東書堂集古法帖》。佚落損汚，不堪展閱，蓋舊物也，而今殆棄矣，近始取而見之，其摸板之精比淳化諸帖復勝之，豈亦以其舊歟？遂爲拂拭緝綴而整理焉，蓋十卷之中亡者二卷，全者三卷，而五卷則間有缺，缺者廿七八紙。於是闕其缺，而序次其存者，爲八卷。

夫書異乎文也。雖一點畫，亦自可觀。今玆帖雖多缺，其全者固自在也，時而玩之，亦適性之一助云。

庚子仲秋小望書。

第二卷《鶺鴒頌》若序，明皇所自製，今缺一紙。按《唐詩》載明皇此頌與序而文多不同，未知孰爲正作，而《唐詩》所載文稍優矣。

此卷徽宗書四紙，自十三板止十六板缺，又五十二板止五十五板，吳后《蘭亭帖》，次缺四紙。其下有書《瀟湘八景詩》，佚"山市晴嵐"四字及某帝書者，又其下理宗書也。按舊題目，吳后下理宗上有孝宗、寧宗，則此詩蓋寧宗書而孝宗書佚矣。

第三卷右軍書，缺首三紙及第五紙，蓋皆《黄庭帖》也。今只餘一紙，姑存之云。予見諸帖所刻右軍小楷，皆刓誤不堪看，此帖雖未盡善，亦差勝之。如《黃庭》，乃稱古今小楷中一二，而顧不全，惜矣！

王元美《墨刻跋》屢擧"《周邸禊帖》有定武、肥、瘦及褚摹、唐賜五本"，此帖所載只一本，未知果何本，而所謂韶粉靚飾亦不可覩矣。

第四卷下缺一卷，亦右軍書耶？抑古法帖歟？據凡例，不集篆籒則漢以上書，不應成卷也。姑識之。

第六卷，向秀書，以下皆缺。按舊目，此下只有王戎書，則缺者蓋一二紙耳。余見此卷及此下卷，晉人書自竹林諸賢至王、謝名公，苟名見史牒者，鮮不有隻字在帖，皆可與二王相上下。雖筆翰小藝，亦有氣數衰旺於其間歟？何其於斯特盛歟？古人以晉筆並諸漢文、唐詩，有以夫！

## 《百千堂啓草帖》序【己酉】

昔孝廟初元，同春宋公起山林入臺閣，主士論宗盟，曾季祖持平公實與之左右。未幾同春退歸，公又不喜榮進，在野日多，又不幸早卒，不究用，士林惜之。然當自點濁亂之餘，摧陷廓淸，使凶魁授首、朝著整肅，公等之功偉矣。

公之曾孫瑋集公啓事手草若干紙，爲一卷以示瑗。瑗惟公材學，當求之古君子，臺閣風彩，固公細事。惟其讜言正論森然羅列卷中者，亦皆足爲後世法矣。公筆法甚古潔，人謂如其人，每一開卷，見公正色省中落筆草奏，淸操直氣，猶可以彷彿。嗚呼！可敬已。

收輯家先文獻，不令墜棄，亦孝之一端。今瑋宜推此心，有以濯厲自立，庶幾繩先祖風烈，用不愧此卷，吾所望於瑋也。

抑瑗不肖幸備聖朝諫官，以妄言觸罪戾，誠由言不切、忠不至不足感格天心，而視公所就，何啻天壤也？卽此卷雖在千載之遠，猶將披復感欷，恨不能同時。況忝在旁裔而耳熟於遺風者，其激昂慨慕，宜何如也？旣以勉瑋，附書其所感云。

## 《劉村隱旌閭詩》序【辛亥】

維辛亥冬十月， 上命旌贈漢城府判尹劉希慶之門， 嘉其孝也。是月內辰，禮官臨宣命，將作董役事，樹棹楔于門，赤質白書曰“孝子具官某之門”。王人分門左右立，劉氏諸孫序立，向門四拜訖，肅王人入，次饗進幣，成禮。

劉君，世號村隱者也。當光海母子之變，君持正義，不脅於禍， 又以“小人有母”之言絶賊臣爾瞻， 仁廟特貤秩寵焉，國人高君之義，至今誦慕不衰。

今年君玄孫德昌又上書， 陳君事親有至行。 十三負土成父墓，養病母三十年，竭力焦勞如一日，具引先輩紀狀爲證，請得旌褒，有是命，於是君沒九十六年矣。

余謂君誠古所稱純孝者， 而世人慕君， 尤以其大節爲重，固不直爲家鄕之行也。

今聖朝，孝弟爲治，閭巷一善小行，亦得以徹聞，烏赤之旌相望也，顧時降俗弊，名節廉愧靡然墜地，而士大夫氣習日趨於婾軟，世道之憂愈劇矣。

如君之奮自閭井， 挺然以大義標立者， 可復得哉？ 國家令式，以節義旌宅里，非授命殉忠者，鮮與焉。故君之大節如此， 而百年之後乃始以孝子表其宅， 猶若未足大彰君終始者。

然古人不曰“百行之源”乎？蓋有有源而未達者，未有源不深而其流能沛然者也。 古君子昭燀節烈以耀名後代者，孰不本於孝弟篤行也？ 夫君樹立之大， 學士誦之、良史紀之，無事於旌也。惟其閨門行義之美，表而示之於世，使夫人者皆知天性、民彝之在父子、君臣者終始無二致， 而名節、義烈未嘗無本而立，則於世敎豈少補哉?

君所居枕流臺有林壑勝， 一時名公爲從遊唱酬， 世所傳《枕流錄》，是也。今其地入宮城，有司就德昌居，旌其門。余少讀農巖先生序君遺稿， 知慕君最深。 是日從賓位觀盛禮，德昌請余爲序。

## 《太華集》序【丙辰】

《太華集》者，吾友南吉哉之作也。吉哉童丱能詩，有盛名。余與吉哉，累世爲交好，自幼聞其名尤習，而甲辰夏迺始於東溪酒所遇吉哉， 其人溫和介靜、表裏潔白， 一見可以知其心。余遂與定交，而吉哉之喜余有甚焉。

旣而余居憂三年，而吉哉又釋褐從仕，以直道獲罪，謫于極南之朗州，不能數從吉哉遊也。吉哉自朗還，與其弟德哉讀書于余溪亭，而余往就焉。德哉亦疎潔喜文章，三人者日酣飮泉石中，爲歌詩相和，以謂天下之樂無過此者。

吉哉顧愀然傷世之隘而懼聞道之晩，其志蓋汲汲也。余竊心識之，亡何吉哉沒，其得年三十三，而余之友吉哉，僅五年，甚短矣。

然其知吉哉，特深。吉哉內有至行，樂善而信古，動履不踰繩墨， 其於道固有本矣。 由是而斂華趨實， 日新其德業，必且彬彬有可觀，而遽失之矣。德哉及其朋友不忍泯棄其文詞，將謀以傳于世。

余記吉哉酒後與余及德哉極論古今詩道，其意蓋將祖《風》·《騷》、宗漢·唐，而自愧夙昔所習之陋也，其立意不苟於詩，亦如此。況其趣尙之高，有不屑於詩者乎？今爲其不幸未就，而欲借是爲吉哉重，豈其志也？

然吉哉之詩，天才也。雖未嘗規規摸畫，而淸圓朗潤，類能逼古人之妙，至其屬辭溫柔、稱物芳潔，而其情性之發，必依於中正，後有善觀者，庶幾得吉哉之所存矣。其於文，未甚致力，而識趣精明亦過人，是皆不忍於無傳也。

噫！古之文章，必其人德成、名立，而其言亦因以行。吉哉之爲人，豈不足以傳其文？而今吾輩迺欲以文傳吉哉。嗚呼！人不可以無年也。

## 《**情話集**》**序**【戊午】

吾內外兄弟同出吾大父忠貞公者，十一人，約以四時之季，具酒食畢會，談笑驩燕，以展其慇懃，歲率爲常。

余於《周詩》，見古人之燕好嘉樂，自其諸父兄弟必及於甥舅，而其纏綿勤厚之情藹然有足於詠嘆者。及後世澆薄，《行葦》授几之義，蓋已不復存矣，而況於異姓乎？則人之視斯會也，孰不謂其風義篤厚而希覯於衰世哉？

然余思吾諸父、諸姑侍黃太夫人城西第，日婉愉承懽，而吾曹前後襟裾，啼笑遊走於傍，迭被其提抱。凡今之壯者旣嘗親見之，其少者亦聞而知之矣。

乃人代屢嬗，而吾曹皆散處，見面且不以時，其心豈不戚戚，而斯會者其可已乎？會之勤，而其情益篤；情之篤，而義不可忘也。相告以德、相戒以荒，使必無忘其初而墜棄先訓，是余願也。

《小宛》之詩曰“我日斯邁，爾月斯征。夙興夜寐，無忝爾所生”，此兄弟相勉之辭也，吾曹其尙曰“非同胞而敢忽於斯義哉”。

季夏之會，諸兄弟各爲詩識其事，俾余序之。其命以“情話會”者，取靖節之語也。

首陽吳瑗伯玉書。

### 《寒泉遺稿》序

滄浪洪子起委巷，以詩道自振。前輩名公爲之周旋引重，而洪子名益顯。聞洪子之風而從其遊者，彬彬多以文詞興，鄭氏潤卿兄弟，其尤也。

嗟呼！圭蓽寒士懷抱才能，而阨于邦制，不能與搢紳大夫並馳於功名之塗，乃或專其能於聲律、唫哢之間，蘄以一字之警託名後世，宜其爲之易工，而其意可悲也。

鄭氏之季敏僑季通，余識其爲人，頗疎宕不拘束，喜酒好遠遊。早以詞藝取進士，而落拓自放，卒以夭死。

其爲詩，未嘗刻意於聲調，而羇旅牢騷之所發，皆情眞語新、思致贍逸。此其志亦不欲以詩求名，而非一時行輩雕鏤以爲工者所能及，余蓋惜其才而益悲其意也。潤卿間以其遺草示余曰："惟是寂寥者，願借一言之重也。"

噫嘻！東房、西序，天球、琬琰之藏，人亦視爲常，然而其或零珠、碎貝沈翳於泥沙之中，卒然遇之，未有不驚異而嗟賞者，豈爲其少而忽之哉？然余聞季通居家甚修，謹事母色養，導妻子有法，則其質行，尤可惜也。

## 《槐院題名錄》序【己未】

槐院提調，舊無題名記，今右議政兪公始成之。

槐院之職，以事大辭命爲重，國制，用三公常兼都提調，而提調、副提調又必極選時望而無定員。

在祖宗盛際，帶是任者，皆名臣、鉅卿、詞館之英，往往見於公私遺籍，猶可識也。然以其散出而未該，不可序次。故今自仁廟癸亥始而遍搜《政院日記》、選部政案以爲記，提調凡二百五十八人，副提調九十一人，繼此者宜續書無廢也。其不書都提調，以自有相府題名，可互見也。

夫官司之有題名，蓋史氏百官表之流，所以資考信也。況本院實司文獻而其任又最重，記惡可已哉？後之觀者不特考其名氏，而論人物之盛衰、升降也，必將俯仰時變，而追思往日同文之化，爲之撫卷太息而不已，嗚呼歆矣！

瑗忝院僚，謹以公命書其端。

## 右尹李公【雨臣】七十壽序

自先王庠序養老之義廢，而授几乞言之禮，不可復見，父兄、耆老之所以敎者，獨行於其家而已。

延安李氏世以文章、名德爲國大家，而今京兆右尹李公，文肅公之冢孫也。少負俊望，而不利公車，沈屈於州縣，晚用治最進下大夫，非所以盡公材也。

公故亢爽，尙氣節。中年以後，見世道日衰而士大夫風節益趨於骫骳，未嘗不慨然嘆吒，恨不得身當之也。平居喜誦所聞覩前輩言行，亹亹爲後生言之，其於名義激揚之際，爲之俛仰擊節而不已，其所以訓子弟者，可知也。

歲己未，公壽登七十，以仲子侍從恩加貳卿秩，而會公之季子及從子聯名文科，仲子又進擢承宣，凡世之所謂吉祥榮耀者，一時而集于公家。公則顧以盈盛爲懼，其始也親戚宗黨謂宜設樽俎以宣其懽慶，而公堅不許。是年夏，上上壽東朝，加賜耆耉，使其子孫饗其親，上恩也。公不敢辭，旣燕親賓，各爲歌詩以賀，而公之和而示子弟者，不以衆之所喜爲喜，而惕然有憂畏之心焉。

夫卑謙者，德之基也；名節者，士之榦也。古人以積於躬而不食而得於其子孫者，譬諸持左契以取償。然其親見於身而推其所存以爲敎，若公之爲者，鮮矣，而公之神力康旺如壯年，其享用多福，未艾也，然以公之心，雖使公之諸子爵祿侈顯日奉列鼎之養，未足以爲悅也。

惟謙約以守身、恭儉以持家，竭忠操義、砥礪節行，能無墜先業而有立於朝，由是進而服官政，以至老而致事，入而服家庭之訓，出而爲王國之光，公於是益安康無憂，而撫其休慶無窮期矣，若此者，豈但公一家之福也？瑗既以勉三君，仍書以爲公祝。

# 題跋

## 題洛叟《西征詩》後【己亥】

太學自傷家貧役衣食，不暇深浸咀嚼於古詩之遺以大肆其功。余謂太學殆所謂詩窮者，而顧坐於貧，不能臻夫極，何其與所謂窮而後工者反耶？余自幼見太學之詩多矣，知太學才不止此。此猶其粃糠耳，豈曰盡其分者乎？

## 題《花浦集·西征錄》後【辛丑】

花浦洪先生在丙子難，初拜箕城少尹，間道之官，艱關於事去之後，此其所爲日錄，而其曰"巡相"卽南寧洪公，其書牒往來，忠義相勉奬如此。無何而二公俱殉綱常爲萬世忠臣，此寂寥數簡而得二公留迹，固榮耀炳烺矣。況皆同一府官守，而又同出南陽之洪，何其奇也？

向余路東峽，彷徨于柏田之下，憶南寧時事，如目擊，爲歌吟激烈，不能去。齋居雨中，偶閱此卷，感慨流涕而書之。

崇禎後九十四年辛丑閏六月初三日，首陽吳瑗謹書。

## 題《忘言齋詩》後

山堂冬日，人謂太冷淡，而雪積空巷，澗道上下皆氷，氷間時有瀑聲淙淙，天開月明，徙倚巉巖，樹影扶疎，村墟闃靜，若是者，方春夏繁麗，殆不能爭也。冠童互間，嘯詠相屬，醉時固樂，醒後思之，益悠然也。

## 題華伯《自警文》後【癸卯】

右華伯《自警文》數十則皆格論嘉言，誠能充之，爲聖爲賢，何嘗不足也？

夫警者，警其所不逮也。華伯之質雖美，蓋其於弘、重、靜、厚，固有所當勉，而此文之所拳拳，多與四者相近，華伯於斯旣知所省惕矣。

吾嘗愛司馬公告元城君子終身之道，不過一“誠”字，而其初用力，又必以不妄語爲先，平生願學而未能也。今華伯之文開端托始，亦只是溫公一字符。自克己、操心以至作聖賢、辨死生，以此行之，有餘裕矣。吾又何言？

程夫子嘗言：“讀《論語》者，未讀時，是此等人，旣讀後，只此等人，便是不曾讀。”不知華伯作此文後其自視何如，如吾因循頹惰殆成痼疾。歲暮齋居，怵然動心，自思“過此一旬，便成廿五年紀，此心尙不立，將何歸宿”。燈下點檢前所爲銘箴，多不能實踐，要之不免妄語耳。自欺，欺人，慙懼無及，此時雖欲得華伯一言提撕，何可得也？遂出其《自警文》，讀之，書其下，歸之，亦願華伯毋或使斯文有妄語也。

癸卯季冬下浣，伯玉書。

### 題華伯《唐伯虎畫帖跋》後【丁未】

伯虎以豪男子作巧遊戲，華伯於小題目發大議論，皆足稱千古奇事。余嘗規華伯文太奇僻、少意義，今爲斯文，不尚奇而意淵博，華伯可謂善聽言矣。

近余病中與人博戲，華伯來見使輟去。余則以文、武猶有弛張，不必輟也，是余之聽言不及華伯矣。

坡翁言："君子可以寓意於物，不可留意於物。"華伯近喜看畫，蒐聚甚勤，雖自謂寓意而已，然亦太勞攘矣。博弈、繪畫以至文詞、札翰，雖雅俗不同，其無益而役心，一也。今吾之博與華伯之畫，亦均之不如荊州之運甓遠矣，是不可不戒也。

然吾畸民也，忽忽少世念，如金城之圖上方略，益落落不在意，而寧欲遺俗棄事，遨遊湖山之間，華伯其勉之哉！

噫！斯帖者，伯春之藏而歸華伯，華伯之文而余續之。可以寓心期，可以示子孫焉，固不可以玩物喪志者視也。

丁未冬，觀物居士書。

## 題曾王考碑文草後【己酉】

此，曾祖考天坡先生碑文草藁，而其籤論細字，皆吾先公筆也。先公嘗疚近世碑版類多浮溢、鮮實錄，其乞墓文於作者，必屢屢往復，刪而復刪，寧失之略，而慮或夸。故農巖先生嘗作祖考墓碑而曰“求先銘而惟恐其夸者，吾獨見海昌公”，噫！先公誠信孝敬之心，斯可識其一端矣。

今此十數籤語，亦足見當日指意，而其散脫在卷末者，亦數紙，其曰“語涉過實”，曰“非大段事而請刪”者，皆未知指何段文也。惟其極意稱停，一毫不苟如此，此雖寂寥片楮，可以矯今俗之弊矣。不肖塽得此卷舊帙中，敬識其下，示後人觀法焉。

碑卽崔相國錫鼎撰，己巳，先公以先旨見屬云。

## 題《童習續稿》【庚戌】

自余荐遘愍凶，心中忽忽無世念，自放於琴酒山水之間，間仕于朝，歷敭省臺，而亦非其任也。時復從士友遊，得南吉哉兄弟、李宜叔，而竊聽其談論，益知文章之難也。其於詩寓興而已，愈不求工，爲文又絶少。

余今年已踰三十，遂復次其私草，止于前年，以爲《童習續稿》。非童而猶曰“童”者，其夙志未泯而尚有望於他日也。

庚戌七月下澣題。

## 題姜長文【奎煥】挽誄後【丙辰】

記余未弱冠，族弟仲潤爲余言“吾友長文，豪傑士也”。經理、文詞甚達，又志廣而劬於業，而余未及識長文，余之懶不敏也。旣數年，長文訪余居，出余文讀之，而極談天地性命之微，以余懵於道，雖未達其蘊，而其精識、宏辯令人茫然自失也。

長文棲遑湖峽，與余不數往來，見輒傾心談討而奬惠引掖，若以余可有爲者，余顧不敢當也。已而，長文貽書于余，眇論理義極致，令余反復之。余悚然未及有答，而長文病革矣，無何長文竟沒。

夫以長文材殖志氣，又有良師、賢友以左右之，其進固未已也，一朝夭死，人誰不惜之？余之尤所悲者，長文之惓惓於余，雖爲不知人於余而若此，在他人可知也。其風流弘長而與人之忠，今世豈易見哉？使其有年，益充其才志，而推而上下於士友間，人之頑頓豈皆如余也？其有補益於吾黨，必非淺鮮矣。

噫！長文沒六年，而余無一語以哀之，余之懶而負長文，甚矣。族弟伯溫，長文姨之子，以諸賢所爲長文挽誄示余，遂爲題其下以贖余慢焉。

丙辰仲春下浣，首陽吳瑗伯玉書。

## 金士廸【漢喆】《北塞詩》跋【丁巳】

古人有謂“詩得江山之助”者，又云“詩到巴陵，還未工”，何其言之不同也？人之平居嘯傲園池之間吟弄自足者，及臨夫山川宏卓之觀，無不惝恍駭動而愧其才之不稱也。然其自以爲“未工”者，卽眼目心界已高於昔日矣。斯二言者，固未始不相發也。

士廸之詩，固工矣，而今見此卷，宏章俊語，視前日不啻長一格也。士廸雖欲持以自豪，吾則不與士廸而必曰“山川之助”也。但未知士廸自視果如何，若猶自以爲未工，則是士廸眞有得矣。

## 題《詩稿》後

至人無心，必於無心，非眞無心也。自然而無則無心，偶然而有則有心，此眞無心也。

吾性好山水、好友朋、好酒，又好詩，其詩無故不作。登山臨水則作，見朋友則作，有酒則作，不求多，不求工也。方其興會意到，其無心而發者，未嘗使之有心也，有心而成者，不必欲其無心也。故有如是而好者，有如是而不好者，好者固錄之，而不好者亦不棄也。

人有求見者，未嘗隱也；稱其好，未嘗不喜也；摘其不好，未嘗不服也。旣無俊才奇氣，而其用心不過如此，人固不之貴，吾亦不自信，天機之自然，知者其知之。

# 記

## 醉夢軒記

嗚呼！醉夢軒者，先君子所名也。先君子早歲儀賓王室，雖貴富極世，而志尙儒雅，以名行、藝學自砥礪。不幸遭己巳之禍，先君子自以禍機之重由身之貴近也，沒身痛隕，以罪人自居，君子悲之。

瑗竊覸先君子平生，友弟敦睦、言行操履，無不可以爲世法，而顧斂迹收聲，蹙然如無所容，其名所居之軒，亦取古人醉生夢死之語以自擬焉，嗚呼！其志益戚矣。

夫君子修道弘業，盡其性而已，哀樂禍福之外至者，宜若無以易其志。然人子平居事親，自愉色、婉容以及乎視於無形、聽於無聲至矣，孝子之心，恤恤焉猶若不逮。況其遭値變故，叩心抆血，精誠之極，豈不足上感神明，而終至於斯則天也。

然先君子之孝心，其忍曰"吾心已盡而可自恕也"？是其負罪居釁若不敢比於人者，固出於痛迫惻怛之本心，世或以先君子經患處約爲是挹損，則非其志也。

谷雲金侍郞嘗爲先君子書軒名，不肖瑗始刻而揭之。輒敢妄推測先君子之心，論述如此，瑗於是有大罪焉。然百世之下有知先君子之心者，其爲仁人、孝子之則，而增三綱五常之重者，必在斯矣。

## 谷雲行記【庚子】

庚子秋，省覲金城，以九月既望庚辰，陪家君，見三淵先生于谷雲。雲在春川西華岳之陰，距金城百二十里。午發縣衙，宿金化驛村。是日天宇澄靜，山容野色已令人意爽然。

辛巳

平明，涉前川，東南行，踰堂峴。自此山深徑轉，長川縈廻，與前程終始其爲峭壁素磐、激湍澄泓者，曲曲幽絶，至不可記，而松楓黃葉又綺紛纚錯夾道左右，終日在水聲林光中，不知鞍馬勞也。

二十里許爲文殊洞。山底數家村倚壁臨溪，蔭以楡柳數十樹，聞雞鳴其中，幽敻可悅。又十里爲蠶谷，路上水石愈佳。山崖有小村，投焉。

午飯未炊，獨尋來時路，沿溪數百步，坐溪心佳處，讀柳文數篇。小奚追之，與偕上百許步，巖澗益明潔。溪上白石盤陁，俯深泓坐，誦陶、韋詩。小奚折山果取啖，翳然楓樹外見田夫行焉。旣歸，飯亦熟。

遂行，無幾里，遇東西歧，誤從西入，途甚艱。前有大嶺，爲虛無峙，僅僅一線路高下紆折不知其幾，而石溪又經緯之。將十里，始得其頂，其間廉利之石上觸傍掎，百圍之木交偃澗口，愈進愈益艱，須僂躬跂足，乃得行。仰見穹林蔽互，亭午不漏片陽，旁枝樛織，莫能轉身，蓋虎豹之窟而人迹所不經。既逾嶺，數里又得大嶺，名懸峙，嶺底但一草屋寄焉。困黍崖峰，生理蕭灑，問卽金城逋民。爲言路誤，顧不可旋，馬且蹶不進，遂借騎小牛上嶺顚。若不甚險澁，及其下也，陡絶多石甚初嶺，微犉力，不能前一步矣。

又將十里，始稍平。蓋絶徑迂行，過廿許里，而亦喜其極深阻險截之觀也。復乘馬行十餘里，峽漸寬敞爲谷雲境。有草堂臨路，宋氏居之，而路傍川石殊佳。自此原野夷濶，黍粟盈疇，傍山籬落在在幽曠，眞樂土也。

昏黑，始到淵翁居，開燈叙話，禀先碣事。月上，出書齋，盤桓而歸，幽泉在耳，皎月臨戶，神氣清泠，夜久不能睡也。

壬午

早出宛在亭，手溪流盥濯。亭在室前數十步，就兩溪間，椓盤石樹楹，義取"宛在水中央"也。巖石瑩潔，湍流激折。傍有巒壁，頗奇，意態極幽妙。

飯後，溯溪數百步，入華陰洞，登松風亭，亭於溪心巨石上，加丹雘焉。洞壑既幽深，而皓砥、清流氣象秀朗夷敞，大勝於宛在，獨恨少奇變耳。溪左右古松蒼然離列，此又下流所未有也。尋有知堂、三一亭餘址，歷不知菴、自然室，閱古圖書，清寒子遺眞在焉。索騎，上伴睡菴，菴宇瀟灑，僧啖以梨。歸路，復憩松風亭。

午後往拜谷雲先生影堂，仍上籠水亭，山人智行者偕焉。亭自淵翁室東南數里，傍溪倚山，繞以林木，處地殊幽曠。

又其下數十步爲臥龍潭，卽九曲之第六也。溪流停蓄成潭，鋪以全石，而巖磯臨之，雖今水落，深猶丈餘、廣袤數畝，淵然灟霧，疑有神物藏焉。

又數百步曰鳴玉瀨，第五曲也。皓石嶔巇磊砢，而淸湍亂瀉，激發韻折，可聽也。自此百餘步，大都如此，而至四曲白雲潭，則嚮之嶔巇磊砢者，愈角其奇壯，如牛馬群飮、如龜鼉之曝、如齦齶離錯，而水奔湊其間，注者爲瀑、落者爲潭。騰挐噴沸，常若雪霜灑之，而其下上左右，盤石層疊列鋪者，瑩潔如玉，皆可憩。始坐溪西石上，引觴微醺。折山葡萄，噉之，復從溪東觀瀑潭，益奇。此在九曲最爲勝絶，以今旱乾潦盡，而水勢盛壯如此，常時可想矣。跂石揚波，沿洄盤桓，殆不知日夕也。循之以下，佳境勝會無窮已。

一里許，得三曲曰神女峽。岸漸高，谷漸豁，巖砥如掌，漸仄削就下，水流益奔駛。其西蓋梅月遺址，號淸隱臺，濯寒泉，撫古樹，彷徨激慨不能去。登岸眺望，爽焉開濶，松影離離，凉飆振木，意益悄愴寥廓，而顧視西日欲含山矣。

蓋自籠水至此數里，溪皆全石成底，廣餘數畝。石皆白，水皆淸洌，凡得名者外，其爲湍、爲瀑、爲潭、爲川者，步步奇絶，莫不可坐，而時有奇巒、峭壁、古松、嘉木，以爲映帶，山上下皆躑躅、杜鵑被之，方春時當益爛如矣。所未窮者，尙有青玉峽、傍花溪，去此復十數里，日旣暮，聞其勝且不及上流，故回轡而歸。

癸未

朝辭別長者，出山，嶽色溪聲爲之悄然，旣又聞籠水之源七曲以上者猶值歸路，則稍不寂寞也。沿溪行數里，見有白石錯布溪中，層層疊疊若治階級，而齊整奇巧，非人所及。水行其間，奔喧曲折，最可觀，所稱疊石臺也。

又數百步，一帶奇巒橫立，若屛障面，皆石壁巉削。水停其下爲深淵，廣數畝，綠澄凝湛，深過數丈，古塔臨其邊。此卽隆義淵者，而來時曛黑，俱不暇領略耳。駐馬淵邊移時，而獨其第九曲明月溪者，不識其何處也。

十里許，至宋氏堂前。已聞七仙洞在近水石極佳，問村叟所從入，叟言“此雖有名，只盤石耳，無可觀”。固尋之，入洞口，巖瀨殊潔淸可愛，泝而上數十步，盤石白而平如案者，可坐百千人。此正奇觀，而村夫不知其爲勝可歎。水西北兩道來，迤邐石上，規模雖廣豁，而無含蓄奇發意，不可敵白雲潭矣。

坐石上良久，回望溪源，隱隱有佳境，不能無餘憾也。行二十里爲夏峴，亦陡峻險澁，而以昨經二嶺，視之猶坦道，人固當嘗險艱也。過蠶谷數里，中火，登徒谷，日晡，宿金化邑底。

甲申

朝發，未午還縣衙。雖峽路秋物，而擧目有沃野塵沙之苦矣。谷雲，固別區，九曲水石奇傑明麗，下上數十里不窮。他若華陰之幽窈、七仙之爽濶，皆得與九曲者相捋，而時又楓秋徑路，耳目莫非奇勝。

斯行也，初不爲觀遊，而境與時爲之邂逅，此尤適也。然登臨逍遙之頃，輒有峨洋之感焉，則姑歸而書其槪以示同好。

## 金城小記

金城，峽縣也，邑多幽勝可觀，而去楓嶽僅百二十里。己亥秋家君宰是縣，其冬余往省覲，今年仲秋又往，經孟冬而歸，而前年阻風雪，今又國哀在殯，獨不得一遊蓬萊以爲恨。然其經由之界、留止之頃，林峀、花石、氷霜、煙雨之變，旣皆領納盡矣，而或閒筇所拄、征轡所紆，幽尋奇覿，往往有得於心而不能忘者，則姑爲記其最者如左。以謂“道固自邇而遐，因小而大”，今雖不觀楓嶽，且未爲晩也。

庚子孟冬旬日記。

妓潭在縣南川，川左右林藪蔚然。自披襟亭下，棹小艇，溯而西，未數里爲潭，潭最深綠，可投網，其南巒壁蒼奇。嘉靖戊申邑宰丁玉精刻詩石間，字至今猶新，舟泊其下，可仰見也。

縣北十里許，村邊川麓幽敻，有巖嶐然，陡入川中，高累丈，其上可亭也。其下爲深潭累丈，淸見沙石，魚鮤鮤游焉。潭邊石崖，楓樹被之，意態殊幽爽，而傍近巖麓，頗亦映帶。山皆杜鵑叢，村名新節云。

長淵寺在縣東二十里，峰環樹密，佛宇精潔，而無甚奇勝。從寺西南林壑間，若有佳境，籃輿穿林，行百餘武，得幽處坐焉。左右峭壁崒立，其上下旁側，嘉木籠蔚，巖石多可坐，水琤然作聲。雖迫仄可欠，而有些幽深之趣。石面有"駐盖巖"三字，趙侯觀彬宰邑時所刻云。寺南一里許，有小菴，名養眞，一僧居之。所處敻逈，顧勝於寺也。

安心菴在縣北白易山南麓。菴洞外數里，穹林蔽天，峰谷廻阻，中僅一徑，附崖入洞，澗途益崎嶇。沿溪而上，有臥瀑，頗壯，顚委累十丈，近瀑皆全石盤陁，色甚瑩潔。石勢傾仄，有高下層折，水隨而偃屈激射，意態奇逸。傍有皓壁陡削，楓生其罅，葉鮮赤如血。跛倚巖畔，醉不欲歸也。

自此至菴數里，皆峭壁嘉木爭峙競蔚，境益幽奇。菴得地殊高，而顧勢平衍，室宇蕭灑，以其太幽絶，僧無居者。然當爲邑中第一奇勝矣。

白鷺洲在永平，去大路未數里。川流至此中分，累十武而復合。巨巖坡陁其間，高十餘丈，凡成三層，輒有楓松生焉。四面皆澄潭，可數沙石。左右林麓映帶遠近，峰巒繚繞，極幽敻寥濶。壁上刻白洲、龍洲、鑑湖三絶，洲西巖，又刻"白鷺洲"三字，未知誰人書也。東崖石壁亦奇峭，攀援而上，望巨巖，益奇絶。洲近官路，故最有名。

三釜落在鐵原龍華，舊三淵先生之居也。嘗聞瀑泉奇壯，歸路欲歷觀，而迷所由。試從東邊小徑，入山谷中，沿溪行，山益回，路益微。往往蒼巖百仞，萬松簇擁，境界極幽森。行五里許，山北隈有巨巖盤陁，其層有三。瀑勢直射頗壯，長數十丈。層折處，輒成小泓，其最下者最大。時則水盡，深才一丈，湛然澄淨，鑑毛髮。石白不及安心，而面勢雄渾，意象幽奧，殊勝之也。意其源必復有勝處，穿林揭澗行數里，力倦而歸，蓋入寺路也。

**清峽日記**【壬寅】

壬寅春，余謁外舅于清風，遂遍尋丹丘諸勝，往還十有八日，計程九百二十里，凡賦詩六十六首。

三月十五日庚子。陰。

巳時發行，渡松坡津，由南漢南門，投開元寺。

晚飯，携僧燦賢，持壺訪國清寺，登西將臺，城之最高處。雖天陰不遠眺，而一望雲霧中山川渺冥，亦壯觀也。彷徨良久，路憩天柱寺，歸宿風香閣，卽開元別堂。

遊客六七來見，問皆龍仁士子，其中一人名孫鳳瑞，曾所識也。

既夜月明，聞杜宇聲，甚悲。

是日行四十里，得詩六首。

十六日。晴。

黎明出東門，中火昆巖店。午後到梨湖二老亭，卽伯春之寓亭。陡臨太湖，境界極開爽，爲上游諸亭冠云。入夜月上，金波漾光，左右江山晃朗隱映。憑欄快觀，身疑跨汗漫也。

是日行百里，得詩一首。

十七日。陰。

午別伯春，歷見李校理箕鎭于飛鳥亭。

到二陵底，遇雨，披蓑，沿江行，意殊悠然。

至邑內，投權尙書家。

雨稍歇，登淸心樓，徘徊移時，曛黑而歸。爽豁悠遠，昔聞誠不虛，遠霏帶暝，更可觀也。

與權仲輝同宿，終宵雨如注。

是日行三十里，得詩五首。

十八日。朝乍雨，終日陰。

朝飯，復上淸心樓。少選下，登舟，回望爲悵怏。

泊神勒寺前，登東臺。臺陡入水中，正與馬巖相對，極峻爽可悅爲盤桓久之。臺有塔、有碑，碑則陶隱文也。臺後山麓，又有懶翁碑、塔焉，碑乃牧隱作，而字如新刻。歷觀諸佛殿，少坐前樓，上馬踰寺後山。

林徑縈仄，一川四五涉，雨後躑躅方開。將二十里抵伽倻洞，安氏居，原州地也。吾家所占亭址在，江岸幽曠可人意。

午炊發行，由蟾江下流，沿興元江以上。巖巒峭峻，水益清駛，岸上花木爛映，步步不欲舍去也。

日未昳，渡漆巖津，投宿村舍，卽忠州境。

是日行五十里，得詩六首。

十九日。乍陰，晚有風。

平明發行。石路緣江，往往險絶，所經村野多幽敻。

四十里，中火可興店，渡達川下流，未晡到梧翠江外舅宅。

是日行百里，得詩五首。

二十日。晴。

午小艇上黃江，近不五里。

哭遂菴筵几。

宅傍數十步，峭壁臨江。構其頂爲書堂，扁悅樂齋，今無矣。

正望江北岸，巖壁奇秀，成一小山，樹蒼蔚其上，名曰孤山。歸時就泊山下，登其顚坐移晷，前對汀沙映朗。村落幽曠，亦佳境也。

是日得詩三首。

二十一日。陰。

將自此訪丹丘，岳翁爲指徑途甚悉。

朝起有雨意，顧興發不可住。巳時發行，歷黃江三十里，午炊壽山驛村，又十許里。山路漸幽，樹木森蔚，往往見菑畬者。陟一嶺頗峻溢，望見奇巒數疊露林麓外。秀拔軒翥，如鑱碧玉、如鸞鳳騰舞，令人神興勃然，知其下爲龜潭也。踰嶺卽丹陽境。尋沈生璥家，下馬款扉，卒相迕驚喜，迎坐與語。

欲遂訪龜潭，日晚不可。乃入雪馬洞，沈生病未携，與村中李生昌錫偕。徑村東北數百步，入洞口，步隨澗流以進，水激激甚盛，石多可坐，而但色不白。溪左右奇壁、蒼巖百丈高者，峙亘一洞若屛障，如是三四里，愈窮愈奇。倦坐溪心巨石，對酌醺然。洞外百許步卽爲潭，面前諸峰暮色蒼森，興劇，不欲歸也。僕夫告日昏，遂略潭畔，從雪馬西洞還，水石亦可觀，而不及雪馬遠甚。

舍馬，步越山蹊，李生言“山頂有盤石，頗奇壯，前古遊人所不迹者”，而日已暝黑，不可登，悵然而歸。

與沈生聯衾，夜深，月入松簷，枕席極幽爽。武陵豈必過是？退溪記中“曠谷邃崦，可棲可耕，爲隱居盤桓之所”者，卽此地也。

明朝將泛于潭，令早具飯。

是日行四十餘里，得詩三首。

二十二日。晴。

日出而飯。

沈生强疾起曰"不可使公獨往"，並轡出雪馬西洞，至潭邊。原野夷爽，有田疇村落，沈生將構屋其上，可直俯潭曲。

覔小舟，乘流下水西，自長淮灘觸龜峰東厓，灣屈向北，匯可隱峰下，少焉又折而西流，渟涵湛碧。約三四里爲洞口，峽門對峙，不見其外。回望潭首，亦可隱、龜峰蔽互，作一區別世界，而三四里間，峰巒矗矗羅疊左右者，皆蒼䨥洗刷，精神飛動，奇象逸態，莫能摹狀。

龜峰則雄峙水南，峰面皆全石矗削，丹碧相照映。下無寸土可攀，亘綿一岸皆然，而其東者最合沓奇壯曰翠積峰，西有峭壁昂然若送人曰離別峰，此爲其中別名云。

水北蓋亦石山，尤蟠崛秀發，而可隱最傑鉅。舟人指其頂古城，輿地書云麗末峽民避倭處也。峰西傍有邃谷，正面翠積峰，退溪所謂"窈閴幽深，人迹四絶"者，意卽此洞。而故處士丁時翰結茅洞畔，今亦有數家村。

其西巖巒出沒益奇，有五峰聯綴，稜稜爭露頭角者曰五老峰，退溪所名也。

又西兩峰相次，蒼新秀勁爲衆峰之最。舟中仰見，類仙鶴矯翼而雲霞蒸上，則曰玄鶴彩雲峰也。退溪之名此峰，不過識當時所覩，而實與其形象相肖如此。二峰之間，有僧方广崖爲精舍，未就。

蓋南峰巒巉削峻拔，北則矯崛騰秀，各不相讓，而翠積峰尤峭壯矣。舟之泛其間，凌兢眩晃，殆不能信眼。時又朝旭正高，諸峰宿霧初卷，崖谷爲照爛生色，而水光上蕩，蒼壁如躍金，眞奇觀也。

行至潭尾，忽見南涯三四石峰，聳然離立，色蒼白，四面整削如用斧斤，卽玉筍峰也。亦退溪名之云。泊舟凝望，縹緲甚奇，但根皆帶土可欠。峰底有沙涯可投足，下舟觀壁面遊人題名。數十步至洞口，石上刻“丹丘洞門”四字，退溪筆也，字雖小，可辨。

少頃，回棹溯上，頗遲，應接殊優暇。舷頭引觴，臥看諸峰，隱隱疑有靈仙來降也。

登丁氏草堂，案對南峰丹壁，俯壓潭曲，前有小溪㶁㶁入潭，淸潔可愛。

坐須臾，緣溪下，登舟溯長淮灘而上。北岸有石臺嶐然，視之無甚勝，旣攀登，極平滑可坐。白沙縈鋪其前，潭之諸勝紆映在望，亦可樂也。臺面刻“降僊臺”三字，少憩，渡南岸，與沈生作別，上馬而行江邊。山崖陡出，林木翳蔚，名爲二皓臺云。

出丹丘峽，凡二十里至丹陽邑底，歷登鳳棲亭。亭傍卽二樂樓，濯纓記文所云“匪懈之扁”，今尙揭焉。

午炊，發向島潭，携邑人田世道者爲導。北行十數里，有小渡，舟人稱馬津，卽所謂上津也。渡下石壁峻巉橫峙，北岸蒼然，影倒江心。是爲棲鶻巖，濯纓所名，而李蒼石埈嘗構亭於此云。

旣渡，舍江而北，逶迤行山谷中且十五里，不見江水。余問從者島潭何在，語未已，忽出一村口，江山卽開曠。馬前三石峰竦峙潭心，突兀如空中浮者，觸眼皆驚怪，類非眞境。下馬，坐潭岸柳陰，日已晡矣。

三峰皆靜秀峭拔，無一點癡頑意。中峰不過數十丈，左右峰又稍低，森然成行如鴈序，其體象圓尖、相去濶狹，又略相同無錯，可見造物之巧也。峰間可容小舠往來，呼村人覓舟，久不來。坐翫至日曛，幽逈蘊藉，久益不厭。

東溯潭上流，石崖百千丈磅礴水北。其蒼壁中坼，穹然作門，空洞虛白，其頂可容人來往，形如偃虹，此卽石門也。高過數十丈，廣亦數丈，仰見天星歷歷其間。

自此壁愈巉峻。一里許爲隱舟巖，至其側，壁勢益盤礴槎牙耳，無甚異者。

舟過壁角，又折而西入，則巖嶐然覆水如屋簷，其下窪坼成竇。舟深入不礙，中頗空濶，雖大舟可藏，幽嵌四阻，獨東南隅少開。仰則巖簷下垂，懍懍若將墜者。刺棹回旋，水搏石間，作砰砰聲，甚宏亮。泊舟良久，日已黑。顧視潭光蒼然，水禽磔磔鳴巖顚，意悚然，不能久留。

回舟而下，舟中誦古詩，響激巖谷。遙見山火倒蕩水中，白鳥三四掠舷而飛，幽森窈冥，亦可以樂，惜無明月來照耳。

及岸，回望三峰，冥茫不可識。潭上百餘步爲村，投宿。

是日行五十里，得詩九首。

二十三日。晴。

平明起，見三島，白霧呑吐，幽奇不可狀。泛小舟，出入數回，又溯至隱舟巖。東日新吐，蕩入巖底，影淩淩益奇。少焉回棹，下島潭前灘，北顧三峰，已山廻不可見矣。

自三清灘以下凡徑七灘，朝光漸升，江淡綠如洗。山村往往甚幽，兩岸花石映秀。舟下甚快，至上津，始舍舟，田世道辭歸。迤南行過丹陽邑後，村野夷曠可居，而清川白沙與路縈廻，沿上屢得佳處。

逢人輒問舍人巖，行且近，蒼崖白石漸益奇潔。進至一洞，有新亭，頗宏敞，扁曰“開荒”，卽郡之書堂。

巖在其前，未百步，絶壁臨溪，高數十百丈。磨削如砥，其皺襞廉稜如約束百千碧玉，而又皆亭亭方方，無少屈仄，一如繩尺刀鉅爲之者。沿溪上數百步，大抵皆類是。望之，但見一帶蒼巉，而上下無片土。樹花蓊蔚其顚，壁底皆盤石起伏錯列，色頗瑩膩。

激湍澄泓，曲曲奇麗，跋石溯溪，不能百武。巖勢益奇壯，水深停湛碧爲丈餘，巖曰翰林巖，潭曰玉流潭。其上石磯平滑，可坐而遊，名曰四仙臺。但其處地不深窈，北邊只荒田，殊欠夐潔。坐松下石，酌酒，良久午飯。

又沿溪下，揭水至絶壁下盤桓，見諸人題名。玄風堂叔之名亦在焉，而人事已改矣。

沿洄逾時，上馬，未一里爲雲巖，始至若無所覩。坐松下斷岸，俯觀清流灣廻、沙石平鋪。岸皆巖石成，而東邊一巖峙立川灣，甚崛奇，有紋理如雲起，得名豈以此歟。側岸古松數株離立蟠屈，甚巨。群巒左右環抱，東峰石崖奇削，楓松蔚然，境界閒穩，最宜人居。

傍又皆沃田，顧無一家村，可怪。柳西厓舊有小築，遺砌尙存，一名酉谷云。坐良久，爽然風四至。欲下循溪，陡絶，不可著足，逶迤數十步從西南麓下，立川邊少頃。

遂行踰皮峙嶺，徑硐谷中，過可次村，水石益壯，山路峻險。有樵人指路左曰“下此，中仙巖也”，舍馬，緣崖下，見青松間素砥相映，其陡起錯列，爲臺、爲磯者極多。水奔流爲雙瀑，落一處，噴薄甚壯，澗谷又回阻，聲益殷轟若劈山。上下二谷石皆瑩潔如玉，而林樹翳日，兩峽對束。東邊多峭壁可觀，幽深潔淸，與人境絶。

溪邊一石整疊若階陛，坐其上自酌，寥然心會，未覺其寂寞。沿濯移時，忽一人下岸來，起迎叙話，始知爲辛生惠東，居可次村。曾於京中識面，認我之過，特來相就，欣然與共逍遙幾半日。尋外工考三淵題名處，不得，瀑上白磯刻“四郡江山三僊水石”八字則尹方伯憲柱書也。

又踰小嶺，未數里爲上仙巖，巨巖盤陁溪上，可坐數十百人，稱遮日巖。絶壁峻削，其下盤石豁然如案，水勢亦從而濶，凡落累層。傍側衆石或竪、或仄，磊落嵚崎，亂滐分流，其態不一。雖玲瓏映澈不及中仙，而規模氣勢殊奇且大矣。

步尋其源，數百步，丹崖矗立，高可百丈，全石爲體，彷彿舍人巖，而偉壯過之，曲折屢改，如屛風疊者凡五。第五曲之西，溪流成小潭，浸其根，色深碧，廣且數畝，崖名擎天壁，潭謂龍潭云。

過壁得一巖，與辛生對酌，境愈開曠可悅。此去醴泉界，僅十里云。辛生賦詩，和贈。

欲窮源而進，體倦不能。山中躑躅最多，正瀾漫淡紅者，愈佳。盤旋林間許久，守一菴僧來報夕飯，遂返。

菴在上仙巖下數十步，其上爲獨樂城古址。得地殊幽窈，堂寮精潔。蓋山中二巖舊無稱，乙丑年遂菴始得上巖，谷雲時爲清風，聞而來遊，仍復得中巖，菴之創又在其後云。僧惟印者出示遂菴韻，求詩甚固，和贈。

與辛生同宿。

自島潭至上津十五里，自上津至舍人巖、雲巖二十五里，自雲巖至上仙十五里，是日水陸行凡五十五里，得詩十四首。

二十四日。陰。

曉雨濛濛，至朝不止。

偕僧飯，俟少歇，先辛生下山，坐中仙巖。峰巒半在雲霧，花樹帶雨愈生色，別有一段幽奇之趣。須臾雨復下，辛生亦追到。遂行至辛生家，訪生之大人。

雨已歇，同辛生上馬，從西徑穿穹林、深壑，至下仙巖，卽古所謂佛巖，而林公霽光改之者也。自上仙巖約十餘里，其間溪流四五折，深者過膝。至此素石平潭甚佳，奇壯不如上巖，而澹雅勝之；皎瑩不如中巖，而平曠過之。

溪左右崖壁對峙，佛巖窿然臨溪，亦稱遊仙臺。解衣登其上，峰峽阻，而境界極閒遠，無迫隘意。吟賞移晷，恨不携林公、退翁之記細尋討也。

又行六七里，溪愈深，或不可揭。踰一嶺，至丹陽郡，坐鳳棲亭。辛生賦律絶敘別，和之。太守李鳳翼出見，資酒饌午飯，與李侯、辛生作別。

行未轉可隱峰，峰勢已蹲蹲迎人。過長淮灘，招商船泛于潭，日雖陰，度時尙早。舟發，忽膠水中石盤，旋龜峰下，過屢食頃乃行。于時雲霧呑吐，殆不辨峰形，形態益奇。倚篷四顧，雨霏微濕衣。

至洞門下船，日已沒。數里，尋槐谷村最深處投宿，淸風地也。

是日行四十餘里，得詩五首。

二十五日。陰。

平明冒細雨出村口，緣江行，回望龜潭諸峰，在霧中，不可覩，殊悵然。

十五里至七松亭。得小舟，渡江，訪金生昌吉，不遇。

經一小洞爲凌江谷，谷面江，頗窈深多樹木。緣溪進數百步，村落頗盛。

澗路幽澁，舍馬行數十步，見路側層巖對峙溪上，水停其間爲潭，深碧有魚。蟠松生兩巖之上，交偃蔭覆，巖平可坐，小酌憩息。

有頃呼村童前行，涉溪而上，水石漸淸幽。未百步迤東而得臥瀑、平潭，潭廣累十間，傍邊盤石可容百人。境殊幽靜，坐良久。峰半雲起欲雨，不能窮源，還出洞。

踰一岸，又爲桃花洞，洞壑益深，村居差少於凌江。

溪流屢折，揭上累數百步。水自西來，停爲沙潭，廣袤且百畝，其淸徹底。

坐移時，遇樵童，共溯溪，曲曲多佳處。行百餘步，雨作，業已來，不可還。

又行且百步，溪左層巖屹峙，高可百仞，其下噴瀑、石潭頗壯。雨漸密，不可留，歸得一巖如广，就其底，少憩，冒雨向渡頭，距淸府且十里。

渡江，促鞭入邑內村家，俟少歇，登寒碧樓。澄江廻流，樓縹緲臨江，結構又極高朗。江北一山橫峙若屛障，首尾整整如一，花木葱蒨，面勢極峭，發有精彩，名錦屛山。正與對西，望桃花淩江諸谷，隱曖可悅，良久乃下。

府西又有一樓名八詠，至其下，數架巋然野中。四顧無可觀，又無梯，不可登，其傍有外王考遺愛碑。

午炊登行六七里，至大嶺底，遇風雨。嶺峻截無比，上下幾十里，又路泥，馬不前。纔踰嶺，雨止。

至梧江，甫登舟，舟小馬逸，傾溺，衣服沾濡。得他船涉江，日未晡矣。

是日行六十里，得詩七首。

二十六日。晴。

在梧江。

二十七日。晴。

午後往黃江。明日，聘祖忌日也。

二十八日。晴。

朝歸梧江，未明旋程。路上林花謝盡，木葉已蒼蔚，始覺有客懷。晡入忠州城內，投宿。

是日行三十里，得詩一首。

二十九日。陰，午乍晴。

黎明蓐食發行，渡達川，五十里中火崇善店，三十里秣馬石院店。日未晡投宿竹山邑底。

是日行一百二十里，得詩一首。

四月朔日乙卯。晴。

平明發行，三十里朝飯安城邑底，午抵陽城墓下，宿獨松亭從叔家。

是日行五十里。

二日。晴。

朝發，中火振威菁好店，午後到月谷墓舍。夕家君自京中來。

是日行八十里。

三日。晴。

朝發，中火冷井店，夕還家。

是日行七十里。

論兩潭者甲乙恒未定。余則謂島潭巧妙旣極，而境又幽蘊閒曠，誠絶區矣。然其崛奇雄傑，龜潭自是獨擅，凡巧妙幽曠者，求之或易，而奇傑最難，島潭其少遜矣。

石門、隱舟巖，又奇甚，而各自爲勝，島潭不足統之，非若龜潭諸峰左右六七里森然目擊間也。

龜潭峰巒，比三角峭妙似不足，而騰矯雄奇不啻數倍。蓋左右群山蜿蟺湊會于此，而被江水劈之，磅礴特奇耳。故自潭以外亦無類此者。

島潭驟見，固奇怪，而以谷深而不迫，岸濶而能靜，故久看益不厭。

島潭宜月夜泛舟。龜潭則森陰不可夜遊，朝日最好看，余遊適值之矣。島潭之月，終必一了債。

島潭雖妙絶，畢竟是我自觀他，若龜潭則意象却是浩洋，殆不分我與山水，伯仲之決，其在斯矣。

龜潭之勝，國內江上通濶宏偉過此者何限，乃其揚奇蓄靈，自作一區，極流峙之環觀者歷選八域，恐無其儔。楓嶽固稱奇絶，其於無此水，何？

雪馬洞泉石，不甚好，而左右巖壁之壯，仙巖所未有，豈亦以近龜潭故耶。

舍人巖之玉流潭，彷彿谷雲白雲潭而少貶焉。然其置巖於咫尺地，則白雲安能企及?

仙巖水石，比谷雲九曲未必超乘，而峰壁帶護，谷雲所無，於此不特贏數籌。

上巖頗奇壯而近麤，中巖極淸潔而殊隘，下巖澹且敻矣，而乏二者之長。故未易品級，然中巖之潔，潔之至者乎。

以龜潭而至退翁始大彰，上、中二巖自谷雲、遂菴始標名，顯晦有期，在山水亦然。

曾聞外王考最喜雲巖，雲巖水石未爲絶勝，豈以隱者盤旋之地言耶。

寒碧固奇矣，而地勢迫隘，不若淸心悠遠。然一帶屛山，非淸心所得有，非此不足爲寒碧。

淸心雖境界開濶，而漢濱諸亭，或有敵此者。其縹緲爽塏若所謂神仙之居者，非寒碧，不能當。

始發漢城，花事向衰，而南漢杏花、杜鵑始開，意峽中春尚早。及入丹丘，躑躅㵎漫、桃花正發，知山城最高寒也。

## 永峽日記【癸卯】

永平白雲山，外家金氏菟裘也。文谷先生實始卜地於山南李峒隱之舊居，名其洞曰風佩，而農巖先生在戊午、己未以文谷居謫鐵原，就寓於洞傍，逮己巳禍，復入此山，則樹屋農巖之下以居焉。晚雖家於渼上，而畢命之志未嘗不在斯也。余於遺集中覩白雲諸作，想見其睠睠之志，而一欲尋巾車之迹矣。

今年夏外氏盡室返舊居，余以六月廿八日辛巳，奉廟主發漢師。午炊豐壤，歷謁從祖、季公于志事齋，夕宿雙谷李家墓舍。

壬午。

中火花峴村舍。村有韓生觀周曾遊先生門者，來見道舊，與余偕行。午後抵農巖，愴然彷徨。先生舊廬，只餘所謂觀白室，而亦頹弊矣。

癸未。

早炊，訪白雲寺，舊奴貴益隨行三四里。過龜汀二里許，石峰建標。村家依山崦，是爲桃李下坪，而三里許又得上坪。自此入寺洞口，一路水石淸逈，無堆塊意。

三里許爲仙遊潭，溪益淸激，滙爲巨潭。丁亥之水上半爲大石堆塡，而下半尙深廣，淸照毛髮。潭北石臺坡陁，坐其上良久，乃行三里，涉川而南。

得沙門，坐法堂少頃，將尋曹溪瀑，老奴與僧勝天隨之。過尋白蓮堂址，今構藥師殿云。經林中約三里爲瀑布，其勝具見先生《白雲記》。溯源二里許，愛其幽敻，坐溪心石，少選而歸。臨瀑泉，傾壺暢飮，枕石睡其邊，屢移席樹陰。勝天能說舊事，旣午飯日仄，猶盤旋不忍舍也。

歸未及寺百餘步，沿溪而下，溪石極明潔。最下爲白磐、澄潭，潭甚廣，境界殊佳，過此卽白蓮也。少憩法堂，歸至淸泠瀨，瀨在觀白室西北累十步，白石鋪之，溪流委曳曲折，亦佳境也。古松數株離立其下。先生於瀨東石邊構小亭，名曰居然。有一松，最鉅可蔭，間爲風雨折，亭亦但有址。盤桓移時而返。

七月初一日甲申。

朝飯後，步下溪邊數百武。溪水曲折噴激，匯處成平潭，頗長，水深而甚淸。東邊石磯磅盤，上有古樹蔭覆。坐其上，對望石崖崩疊松被其顚，頗蒼奇。先生常避暑于此，名以玩漪臺。

越溪百餘步卽送老菴，文谷所嘗築也。日西，又溯溪百餘步，過打麥巖到明月磯，峭巖槎牙溪東。其下潭最深綠多魚，先生觀釣處也。

坐少頃，上農巖，巖在觀白室東北數十步。余旣生晩，不及侍杖屨於溪石之間，此來所見獨山光水色，逍遙之際，愴𢡱彌深矣。戊午所寓，距此數里，村名險阜，在來時路左云。

乙酉。

旋程，中火花峴，宿豐壤。

丙戌。

還家，書此以志余感。

月谷集

# 卷十

記

# 記

## 湖左日記【癸卯】

癸卯三月，陪家大人訪湖左諸勝。

十八日丁酉。朝雨午歇，發行宿南漢城開元寺西寮。

十九日。日出發行，謁顯節祠，卽斥和三學士掇食處。朝飯慶安，午踰利川廣峴中火。夕投驪州邑底元革伯家宿。自京至此百六十里。

二十日。歷訪邑村親知。午後渡川西，見外妹李內。夕宿原州伽倻洞安氏家。

二十一日。食後發渡漆巖，中火忠州英竹店。日昃投可興李順安範之居留宿。午後陰。

二十二日。朝小雨。旣飯發行，雨亦歇。歷謁樓巖尤齋書院。午炊忠邑，夕渡浦灘，抵梧翠江外舅宅。自驪州至此百四十里。

二十三日。陰霏。午後往返黃江。

二十四日。晴。朝飯向仙巖，外舅亦偕。午炊壽山驛，東南行，路邊村落菑畬，幽曠多可居。問其名，曰釜峙村、水落洞、水村、大田，而水村尤佳。上回南嶺下，嶺路艱甚。步出澗谷，淸泉危石，花樹掩蔚，殊忘筇屐勞也。

至辛生惠東家，叩之不遇。溯溪至中仙巖，溪水較前春愈壯。坐臨雙瀑匯處，若浮槎洪濤上。少頃上守一菴，日已落矣。是日六十里。

二十五日。朝飯出沙門，坐上仙巖潭邊，少焉雨廉纖下。因沿流上，石奇而白，水淸而濶。且行且坐，無非佳境。擎天壁隱映松林，望之愈奇。到壁盡處，水勢益爭陿，跨澗左右，不覺沾濡。

歸至中巖小飮，涉溪之東，趺坐盤石，俯視綠潭深澄。兩邊削壁，對峙交掩，意勢整秀幽妙，益覺殊絶，令人不忍捨去。躑躅大都未瀾漫，而探選曲折，不啻多於前年。

上馬至下巖盤桓，少焉雨稍密。蔭巖底良久，而石濕不可坐，無以盡興，還踰皮峙，投宋座首家中火。雨歇偕座首子世隆訪銚潭。潭卽雲巖上流。沿川三里許，層巖亘峙川左右五六十步，皆可坐。其下爲碧潭，深數丈。近因雨蕩巖崩，其瀑落處非復舊形態云。要亦佳境，而蒼石之記太過實矣。還至舍人巖之四仙臺，相羊移時，乍歷書堂，憩蒼壁下少選，歸抵丹陽邑村。村經火延燒百餘家，蕭條不可言。乍坐二樂樓，投宿故李陜川家。是日四十里。

二十六日。朝飯長淮店，至槐谷得漁艇，溯龜潭。艇甚小不安，五老峰下有一艇稍大，方舷以溯。旣而風大作，墮笠水中，急移船至潭心援出，一船大噱回棹。

龜峰外風逾劇，舍之步出槐谷，上馬循江南岸，訪論谷七松亭、湖谷諸外黨。論谷在北涯，阻岸繞溪，深僻可隱。七松亭在論谷之上。湖谷則在南涯，江水迤入村口，成湖頗廣。村前有溪石，洞亦敻窈。由其後踰白峙出梧峙，卽壽山驛後。至梧江已昏黑。是日八十里。

二十七日。將向槐山，蘇進士后由自丹陽追來。涉梧江西行三十里，午炊延豐水入店，踰檢峴行凡三十里，憩孤山亭。槐山守李丈漫適在此，遂共泛舟亭前。亭卽柳西坰別業。川自東來，北折西轉，又北流，曲如彎弓，小山陡起。西轉之陽，左右蒼壁亘聯，松樹掩蔚。其下綠潭頗深廣，白沙映帶，境界開豁可悅。亭右北流之川，亦削壁臨，其上刻朱天使之蕃筆"隱屛"二字。沿洄良久而歸宿郡齋。自亭十里。

二十八日。早發向雙溪寺，李丈及蘇生偕。歷憩愛閒亭。亭在郡東十里臨大川，故別檢朴知謙遺業也。古松落落離列，亭右一麓陡出，亦可亭。踰多坡峴入寺洞，峰環谷深，樹巖蒼巉，水石漸佳。路傍陡巖巀嶭溪中，其上小亭曰祝堯堂。水自南淙泠來，至巖西北爲澄潭。其北尤深廣至清，可數沙石，境殊淸絶。留坐至午飯，風氣爽冷如深秋。堂前有華封峴故名，鄭丈巖澔所構。

其上數百步築小菴，爲士子讀書之地。沿溪而上，屢見層磐澄泓。五里許，有所謂餠巖坡陁。然其側兩壁夾峙，亂淙瀉其間爲深潭。自此得深湫、巨石尤頻。二里許爲龍湫，盤石最巨，泉流屈折喧豗，落而成湫，深約數丈，廣幾十畝。其東石峰疊峙巉奇。

忽遇密雨，僅入松下避之。旣而止歇，坐西巖臨湫，落照映壁尤奇。百許武爲寺，溪二道來，至寺前合流故名云。夕宿西寮。寺距郡治三十里。槐郡笛人追及，遇佳處輒令吹之，亦可喜。

二十九日。早發沿溪南行二里許。路右有噴瀑、淸潭頗佳。十餘里踰桂樹嶺，歷官廳坪，深而廓可居。過此爲聞慶地。又十五里踰麥項峴，山路極險隘，或步或騎。

又十餘里至鳳巖寺洞口。路右盤石平廣，可坐數百人，色亦瑩潔。溪自南來，其下成平潭，爽豁可悅。石前刻"夜遊巖"三字。潭西石磯高峙，刻"取適臺"三字。溯上四五十步，亦有平磐、素潭可盤旋。

又上數百步爲寺。入鳳凰門過石橋，橋邊有小碑二、法堂七區，皆精麗。樓名龍華，凡五十三間，極壯麗。寺西有智證碑，崔孤雲文、釋慧江書，唐龍德四年甲申立。中因兵火，剝坼處多，而石色靑滑如新，字亦如新刻。又其西百餘步有淨源碑，近時所竪，而又少西有靜眞碑，高麗翰林李夢游文、張端悅書，石亦如新。

寺東百餘步，沿澗而上，素磐甚巨，有累層相仄如犬牙，湍流喧騰。石勢極雄，水勢亦壯。而其西石峰特峙，戌削如道峰萬丈峰而尤大，望之甚奇。磐上蒼巖相委積，由其隙入，題名南壁。飯于磐石，逍遙良久而歸。

山名曦陽，九龍峰在山西南。僧言智證驅龍事，甚誕。西行二十餘里爲外仙遊洞，入洞素磐廣鋪。沿上數百步，淸潭激湍，極多佳處。雖洞不幽阻，多塡沙礫，而要皆全石也。最上磐石平正如砌，中多剖坼，水道其間玲瓏然。坐此到日暮，殊疏朗可喜。但左右峰壁朴鄙無可觀。

佛菴在其下百餘步，名水雲。有亭其傍，此鄉申察訪弼貞者所構云。夕宿亭中。

三十日。日出步由前溪，至昨日坐處，盤旋少焉，上馬踰不安峙，十里復出官廳坪。西行又十里爲內仙遊洞，磐瀑淸爽奇雋，峰壁環繞甚古。

溪右如屋大巖成臺，前對絶壁蒼削，登之可盡得湍潭，層折宜構茅亭也。其傍亂巖羅列，如龜伏如蟾蹲，酷類物形者數三。坐眺良久，沿下數百步。

溪右又有高巖岌嶪，其下羣巖呀然戴之成門，川匯其底成潭最深。中多石磯可坐。涉溪十餘武，李鎭安顯益草堂在焉，就而中火。其前巨石陡入，巖傍亦可亭也。

登一岸南行一里許，爲七松亭，松林夾路甚蔚，俯臨川流。野開田良，四山環抱，最宜人居。舊有村店，今無之云。又沿川六七里許，奇壁、素潭頗佳。自此曲曲皆然，未一里果爲葩串。

路左盤石平鋪，可容累千人坐。或折或窪，或略有層級，而要之一平磐也，觸眼駭盱，意象浩汗。水布流其間，不匯激不散漫，爽豁夷曠，可謂大鋪舒。左右槐松連陰。路上有草堂未就，其後一石峰峭奇。諸峰亘列溪上者皆峙壯，但欠巃錯耳。溪北盤石可坐者多，坐至日昃，沿下數百步。溪左石壁疊峙最雄。松森蔚其上，曰鶴巢巖。

又百餘步，溪右巨石盤屈甚奇，名臥龍巖。其脊中坼，蜿蜒委折，又有如龍蛇迹。又數百步，溪左石崖高峙，曰瞻星臺，巖勢若簷角覆下。其下壁面刻崇禎御筆“非禮不動”四字，其下尤齋書“大明天地崇禎日月”八字，皆有小跋。又其上傍刻萬曆御筆"玉藻氷壺"四字，後人追刻也。溪右又有石崖相對，名五雲臺。其後卽煥章菴路也。

自瞻星臺行數百步卽書院，院西有尤翁所居室。老婢七禮者年七十六，爲道舊事。仍拜謁書院，院額卽先王宸翰也。萬東廟在院後高阜，門額曰"星拱院"。前一巖臨溪，刻"泣弓巖"三字，尤齋哭孝廟諱辰處云。坐院西昭陽齋，見崇禎眞翰"非禮不動"字及崇禎所御管城、丁丑年皇曆、諸公題詠，日曛歸菴。僧密嚴年七十一，亦道舊事頗悉。夜宿是菴，菴宇極精潔。

四月初吉庚戌。朝起小雨。同僧飯，至巖棲齋。齋在寺西百步許巖上，水石淸奇，尤翁所構，近年重建云。石上後人書刻"華陽水石大明乾坤"八字。又坐泣弓巖良久，上冽泉齋，齋在昭陽齋西。久而雨不止。

出洞門，溪左蒼壁最高大，名擎天壁。行五里，川左岸有後穎亭址，故李相國慶億亭也。稍高平可居，林峀亦佳，今尙有李庄[1]奴居之。

李丈自此分路歸。迤邐二十里出萬景臺前，雨頗密。涉川回轉，又將二十里，午抵沙潭李副率夏坤丈別業。溪兩歧合流宅右，灣環三面，中成一小麓。宅負其麓東北向，新構明敞。坐小樓，望見諸巒繚繞，雲霧呑吐益奇。宅東南十步許，小閣構巖上，直俯淸潭。潭邊石壁孤起頗峭削，名

1 庄：《硏經齋全集·華陽洞記》에는 "氏"로 되어 있다. "洞卽李相國慶億所嘗耕也. 洞外山民種粟豆之屬，李氏奴至今收其稅."

飛來峰，亦頗佳境。

夕冒雨上空林寺，距亭不三里。羣峰蒼峻在雲中，偉觀也。入洞古槐成林，大或百圍，蔚蔚落落最壯。寺舊大刹而近經火，僅存三之一。歷觀諸寮，與僧信澄偕歸宿李丈宅。

二日。朝發携空林僧弘慧向俗離。沿溪以上，村籬幽靜，卽尙州地，村名龍華云。十里踰一峴，爲報恩境。朝日照諸峰，蒼白相間，雄粲可悅。三十里入洞口。

未及法住寺二三里，有村曰新川洞。路左一巖盤陁，巨松歧生，高數十丈，蒼然偃盖。自此渡大溪前行，古木蒼森夾道，寺處地平曠。門外銅檣，高可百仞，刻"統和廿四年造"。入門有五層閣，高欲凌雲，曰捌相殿。

其西龍華殿，安丈六金佛。其後法堂五所極壯麗，最後乃大雄殿。其東鑿池築石如井，名石甕。又東有鐵钁，其北有石槽，皆極巨。傍又有小石槽二。

午飯已，籃輿上福泉寺，七里路甚險。寺刱於光廟朝，法堂極精巧。有僧信眉袈裟，亦光廟所賜。又有御札二、諸王子募緣文、金乖崖所記臨幸時事。

步上東臺。臺甚高而得地隘塞，所見只東北諸峰。其得名者曰天王曰毗盧，毗盧頗奇削。臺頂有雙塔。

歸路見所謂福泉。泉生於法堂後壁罅，味淸冽，大旱不渴云。復踰一嶺，凡六七里爲中獅子菴，自此外山也。占界殊高逈，遠山在几案，巨磐鋪庭前，其側梨花盛開。

又西行三四里爲大巖菴。菴在觀音峰，其前大石特立，高百丈極偉壯，故菴以名。文莊臺爲山之上峰，在中獅、大巖間，而自中獅稍北上六七里云。僧言前年嶺南僧來登，失足墜地死，故不上。

日已昳，尋歸徑三四里，出內門巖，又三里外門巖，皆由巖竅行。又三四里還至法住，夕宿蓮經殿。殿在大雄殿後，竟夜聞子規聲。

三日。日未出起登水晶峰。峰在龍華殿西，石峰戍削。其頂有龜巖，其說詳載尤菴所撰小碣。因登最高石臺，羣峭盡在脚底。盖山最雄亘，峰多石确皆峭峻，而但洞壑類迫隘。

大溪累道喧轟巖谷，而皆亂石、巉巖無可觀。古木壽藤相摎結，秋深葉黃，其觀當自奇。山裏小菴亦有五六處，其遺廢之地，不可盡數云。

下峰底登珊瑚殿基。其南鑿崖塡石碑，至正壬午所刻，李叔琪文而全元發書。晶熒照人面，就寺朝飯，還由萬景臺前，淸川灣回，古木、奇石點綴極可喜。凡五十里午炊靑川店，淸州地。四十里夕宿淸安大松里，困蚤蝎失睡。

四日。三十里朝飯鎭川石灘，四十里中火安城玉井。夕抵陽城墓下四十里，馬疲累顚幾不達。

五日。留陽城。

六日。中火振威菁好。夕宿月谷墓舍。

七日。中火果川冷井，午後還家，自陽城一百五十里。斯遊也二旬之間，涉歷二十郡界，計程一千一百餘里。

## 無言齋記【丁未】

吾友洪純甫爲人修潔明敏，銳於進爲，而其所居室名曰無言齋。間謂余曰：“吾病不能默，吾以是名吾齋，亦古人佩韋之戒也。子其文以勉之。”余唯唯而未作，非緩也，蓋未得純甫意也。

夫言者，人心之聲也。精神、意思，非言不通；善惡、是非，非言不形；道德、仁義，非言不著。故叔孫豹論三不朽，而所謂“立言”者，與功、德同稱焉。

今使夫人者膠其口結其舌，蠢蠢焉而已，則亦烏用斯人爲哉？昔吾夫子之欲無言也，蓋聖人過化存神之德，不待言語而行，如玄天幽默而四時百物得其道焉。是則夫子已矣，純甫眇然初學，而其何敢議此乎？

若古人之以言爲忌，而丁寧其戒如金人之三緘、老氏之塞兌有矣。然亦出於全身避患，而偏於自私，非聖人大中至正之矩也。純甫方將進而需世，爲國家盡忠猷，則又奚取於此哉？

夫純甫之志，果惡在也？既思而得其說，夫人固不可無言，亦不可不謹言也。孔子之稱閔子騫曰：“夫人不言，言必有中。”公明賈之稱公叔文子曰：“時然後言，人不厭其言。”

今純甫之無言，非固欲無言也，欲其口之無擇言也。夫既無擇言乎，則雖一日而千百言，亦何害爲無言哉？然惟口興戎，駟不及舌，則言之中也少而不中也多，時者少而不時者多，其有悔於心而貽害於身，往往言爲之祟焉。此古聖賢之拳拳以括囊守口教人者，而余見純甫之質，盖敏銳有餘而沈重不足。今將痛自警省，克其偏處，寧期於無言，而惟恐其或多言也，其志不亦切乎？

抑余嘗謂："不當言而言，誠爲口過，而當言而不言，其爲過惟均。"斯孟子所以有餂人之戒也，吾願純甫之無言也。

其在家怡怡然言孝慈友弟，其與朋友侃侃然言忠信道義，其進而立於朝，諤諤然言君德闕遺、朝廷得失。凡其言之使必可行，行之使必可言，而此外非法無益之言，一無出於口舌，則將見德行、功業輝光昭焯，而不朽之盛，亦不待區區言語矣。若是而名純甫曰"無言齋主人"，豈不可也？

然人之有言，心之聲也，則口舌非能言也，所以言者心也。今純甫誠欲無口過也，宜先以無心過者爲主。使吾方寸純正安固，而凡邪妄躁擾之念，罔或干其間焉，其發口成言者，不期擇而無可擇矣。默而識焉，俛而進焉，雖由此而上窺仲尼無言之域，夫孰能禦之？苟不先治其心，而强而制之頰舌、齒牙之間，如塞兌、三緘之爲者，是猶蕩其源而欲遏其流，其何功之有？諺曰："防民之口，甚於防川。"余則曰："防吾之口，亦甚於防川。"純甫宜察乎此也。

顧純甫旣以無言名齋，而使余必有言，何純甫之待人與自待者異也？若余行不修躬不逮，而徒以言語文字，自附於切偲之道，其顏獨無騂乎？然純甫之誠心，余不可孤也，忘其愧怍而强爲言如此，純甫其毋以人廢言也。

丁未春，吳伯玉記。

## 遊楓嶽日記

丁未閏三月十七日。晴。發京第，黃進士士良、從弟伯衡偕作。午炊樓院，踰祝石嶺，山村隱約，處處幽花嫩林，皆可賞也。曾在己庚之年，余以省覲于益城，再由斯路，八九年來，今復至焉。山蹊村落固宛然，而人事倏已變矣，循往傷今，幾欲涕下。夕投場街撥店。

十八日。晴。天欲明，乘落月作行。氣淸意爽，隱映左右者，莫非佳景也。行近白鷺洲，川光石色，尤明潔可喜，以楓嶽路忙，不暇重遊，悵惘有餘情也。

朝飯梁文驛。驛店之西數百步，有蒼屛巉削，其上松樹蔚然成林，遠望之極蒼古，但川流不由其下爲欠耳。踰葛峴午炊。行到長林村前，日已落，冒曛行十里餘。山深谷轉，道無人煙，極可怕也。抵生昌店，夜已黑矣。

十九日。晴。日出作行。過柏田戰場，未午到金城。登披襟亭，遍覽亭額楣記，皆先君手蹟。山川如舊，而人事倏變，俯仰愴痛，無以爲心。午炊邑底。吏人、官僮皆來見致意，益復愴懷。其時兒童，皆已壯大，自覺人事之易嬗也。官奴願一、奉戍以糧斗來贐，餘或以酒壺助行，人情可念。

過昌道，舍淮陽路而東行。近歧城村，山川漸幽敻，極可悅。過上歧城，路緣蒼崖，千仞陡絶，下俯淸川。上有古松數樹，紛紅嫩綠，映拂巖壁，淸爽奇秀，不可狀也。踰嶺爲下歧城村，村村皆極幽逈。投宿宋億家，其父年八十六亦出見。

二十日。晴。日出作行。路出高崖，夾以空林。大川經其下，奇巖、白石多可坐，境界極快爽。過通溝倉，踰一嶺過楸亭里，投斷髮嶺下村午炊，作行籃輿。踰斷髮嶺凡十里，嶺上有石壇，壇邊光廟手植檜樹，皆燒死可惜。東望金剛，煙靄隱隱，不能快觀眞面，而縹緲飛舞之狀，已令人心神滉瀁矣。下平地渡大川入谷中，得一嶺名鐵伊峴，登嶺望見，雪峰森竦，愈近愈奇，眞所謂"名下無虛士"也。

行近長安寺，水石甚奇。入洞口，松檜成林，地勢寬平。坐山映樓小酌。四五玉峰竦秀壓人，水聲蕩振軒檻，日已黑而不欲歸也。夜宿溪水寮。山映樓之東北釋迦峰，其東地藏峰，又其東觀音峰，又其東長慶峰也。

二十一日晴。朝飯坐山映樓，朝日照山，晶熒奪目，水聲動樓，胸襟蕩然。籃輿數百步，過極樂菴，頗高逈。至百川洞，水東自靈源洞來，西自萬瀑洞來合流。泉石頗壯而不甚奇麗。

溯東溪以上，少憩地藏菴。菴在地藏峰頗蕭灑。下菴溯溪上，峰回路轉，水石漸益佳。行數百步，爲玉鏡潭。潭在地藏、釋迦峰之間，溪東大石，刻"玉鏡臺"。水淸潭深，多白石可坐。溪右有石峰竦峙，累石層層而甚秀拔如玉筍，名明鏡臺。溪左卽新羅王子避地處。

入石城門，峰益回路益轉，其源不勝窮也。其上爲顯佛，又其上爲靈源，而未暇登也。潭心白石，刻"玉鏡潭"三字。曲曲坐石上，幽阻淸絶，久而不欲歸也。步出溪口，輿行渡溪。凡數百步，過靑蓮菴，又行百餘步，過安養菴。其上爲三日菴，而今但有址矣。下輿沿溪，緣巖側木棧行。其傍爲鳴韻潭，乃萬瀑下流。題名潭上如屋石，憩息少頃，緣溪而行將百步，水石甚佳。肩輿行松檜間，上白華菴，菴空無僧。 菴後有諸僧浮圖、月沙·白洲·白軒·靜觀齋所撰碑，下輿循覽。

移時，輿行二里許渡含映橋，是爲表訓前，樓名凌波。坐令具午飯，呼三彦話舊，良久進飯。輿上萬瀑洞，沿溪行一里許，水石已奇壯，下輿步上數十步。

水西自圓通洞來，合流爲瀑爲潭。其西巖上刻蓬萊書。盤桓而上，曲曲屢坐。凡上百餘步爲青龍潭，潭深石白甚奇。又上十餘步，石臼天成，圓滑如盆，刻"洗頭盆"三字。

峰巒回合，石色膩白，湍流之勢甚奇逸。溪西石上見先君題名，涕淚而已，坐久小酌。溯上一曲，巨石重疊，潭瀑亦奇，名白龍潭。坐少頃，更下洗頭盆坐小酌。

至圓通洞口，溯溪而上凡數百步，澄潭、懸瀑之勝，固非一二。此上舊有香罏菴而今廢云。表訓寺之東，有青鶴、五賢峰，萬瀑洞入兩峰之間。青龍潭之上爲大、小香罏峰。

圓通洞由青鶴、小香罏峰間而入。坐潭上良久而下，輿還表訓，坐凌波樓。日暮歸寂默堂，卽寺之西寮。夕飯于凌波樓。高城守兄弟爲看山來，與之話。夜宿西寮，沈高靈來見。

廿二日。晴。朝飯籃輿，由萬瀑下流入圓通洞，步經昨日所坐處，前行愈多潭瀑。輿行七八里，路益幽。坐內圓通菴小憩，令具食。菴有首座二十餘人，面壁袈裟，儼然可觀。菴甚幽淨可喜。

又輿行東北入眞佛洞。澗路不可輿，步行屢經白石淸潭，曲曲坐憩。二三里許得一佳境，一如《農巖集》所記，而峭壁則在溪之西南矣。石峰四合，幽敻無比，水停其趾爲潭。坐憩移時，前數百步登輿。沿溪行數里，舍溪左入，登登而上，回望洞口，呀然峰巒在下。

又行二里許爲眞佛菴，前對須彌峰。菴有一僧，菴庭有雙石幷峙如柱。自須彌峰右數三小玉峰窺人，甚峭妙巧絶。從菴左山麓望見，得其半面，甚奇，名須彌臺云。直抵須彌峰左五六里，爲須彌塔，甚奇云，而力憊未暇上也。

題名菴楣，有頃而坐，還飯于圓通，觀菴後法堂東南柱有外王考辛亥題名，續題其下。或輿或步五里，過天德、妙德基，西登普賢岾，甚峻絶。由岾西上未二里爲安心菴，坐憩移時，眼界甚開豁。菴有二僧。

菴西百餘步爲開心臺。北則須彌峰、迦葉峰，東北永郎岾、衆香城，其後毗盧峰。東則日、月出峰，東南穴望、落鴈、望高峰，南則遮日、牛頭、馬面、白馬峰，其下十王峰。西則放光臺，三峰最近而妙少下者。東則大·小香鑪、釋迦、五賢峰皆在眼底，如靑鶴、地藏、觀音、長慶峰皆小丘垤也。西南峽山皆在几案下。

坐久西下百餘步爲養心菴，亦有一僧，其高與安心等。少憩而西南上數十步爲安心臺，所見與開心同，二臺之快豁無比。此西有淨心菴、淨心臺云。坐少頃而下。山勢陡削，大石槎牙，愈下而愈急，但覺首下尻高。

久始得平地爲正陽寺，日已傾矣。下輿觀藥師殿，殿無樑，以六面構成。坐寺西南歇惺樓，所見峰巒，與開心同，而放光則其主山也。但不見須彌峰耳。

盖開心則俯羣峰，或如几案，或如兒孫，甚至如撲地蟻垤，快豁無比，而欠太開濶多空缺。歇惺則地勢雖卑，而以高下諸峰爲屛障，萬千玉峰，有若專爲一樓環擁者，周匝親近，無一毫空缺齟齬處，此最奇絶。坐對良久，疑若身在白玉京中。

旣而籃輿至天一臺。臺在寺東南麓，其高少不及歇惺，日、月出峰藏而不見，須彌峰則歇惺所未見也。眼界體勢，與歇惺同勝。坐良久而還坐樓，夕陽迎照，銀玉之光，晶熒奪日，殆不能定視。口暮歸宿樓側房。

廿三日。晴。早飯上歇惺樓少憩，羣峰半在雲霧濃淡中，亦一奇觀。籃輿復上天一臺，朝旭時復出入雲霧，益有奇態萬狀，不可窮也。坐有頃，下從表訓寺之後，復入萬瀑洞，三彦從之。至元化洞，下輿步行。歷青龍、白龍潭至洗頭盆，題名少憩。又上一里許，崖下有潭，頗深而長，水落其上，是爲黑龍潭。其上一潭水甚淸淺，而潭形如琵琶，是爲琵琶潭。

其上一潭頗深廣，瀑落亦長八九丈，勢甚奇，是爲碧霞潭。潭前有白石平鋪，而石上有紋如雲錦，名綵雲石，可坐三四十人。坐良久，又上十餘步，大石覆如屋簷，其下石勢輪囷，傾仄多曲折。瀑落其上，如散霰雪如動雷霆。僧云名凝碧潭。坐如屋石下，石上有先君題名。良久題名壁間，上普德窟，石磴甚危。菴北有窟，並窟爲室，其下左石柱，右銅柱，凡十九節以承之。其下削壁層層天成。入窟中題名屋板，去廳板下視銅柱處，甚凜凜。

憩菴子良久而下，其下爲噴雪潭，潭瀑亦奇，去凝碧潭不十步，又坐少憩。上且百步爲眞珠潭，瀑長六七丈，面勢甚端正，潭亦至淸，比碧霞尤廣。石色甚白，而平鋪皆可坐。左右全石峰，至此益奇絶。

東北望衆香城甚奇，其前峰巒抱合，誠絶境也。石石移坐，手弄淸漪，久而忘歸也。日色照之，潭光尤奇。所刻三字只餘"眞"字。潭下西巖刻"水簾"二字，尤翁癸亥書也。其上未十步爲龜潭，有白石擧頭向潭如龜，潭中一帶石如靑玉，有若龜吐靑氣者。

潭左右石色皓潔瑩膩如玉。溪東刻"淸泉白石聊同趣，霽月光風更別傳"十四字，亦尤翁癸亥書也。坐久之，三彦辭歸。其上爲船潭，潭廣而延短如横舟。又其上未十步，有一廣石潭，瀑亦佳，不知名。其上爲火龍潭，潭最深廣。潭前石舷障之，委蛇如龍形，其上有石磯可俯臨也。其北爲獅子石。盖此洞北則大、小香罏，前則靑鶴臺，南則五賢峰，皆全石。

峰後望衆香亦石，峰底皆全石。以此水石，有此峰巒，其勝豈可言哉？其中石白，無如龜潭，潭深廣無如火龍，瀑布無如凝碧，而珠潭則兼有白石、深潭、長瀑之勝，要當爲十一潭第一矣。

既而向摩訶衍。午飯，籃輿沿溪過萬灰菴，步上白雲臺，甚危峻，攀援藤蘿，匍匐而行。久乃始登，前對穴望，後見衆香城至地，其下渺茫不可俯看。坐久復攀援而下。

臺在摩訶東北。步向菴，菴在摩訶北。坐少頃，復輿下摩訶。日尚餘數竿，復輿[2]下火龍，步向珠潭。再見益奇，坐久之日已夕。山風凄冷，遂還少憩船潭、火龍，至菴夕飯。菴西有怪石成臺，杜鵑盛開，坐其上，昏黑而下。夜小雨。

廿四日。陰。朝飯霧氣漫山，顧輿僧已至，不欲令再勞，侵霧而行。菴前一里許爲彌勒臺，刻佛像巖間，其下水石甚佳。行數十步爲妙吉祥故址，其下白石、淸流極可悅，坐其上良久。前行水石凌兢，或步或輿，凡遇水石佳處甚多。

且憩且行二里許，爲李許臺。巖石成臺，刻“李許臺”三字，其下水石亦佳。又沿溪行數十步，有溪自東北來，與鴈門岾水合，此卽九龍後毗盧之水云。又沿鴈門水，自此多步屢憩。一二里得百軒潭，潭瀑亦勝。坐良久，又上七八里，水盡然後爲鴈門岾，楡岾僧持輿來候。此來巖下多積雪、凝氷，可知其深且高也。

長在雲霧中，行不辨某山某峰。少憩而行，自此山無石。行十里至點心廳午飯，向隱身臺，中路雨下遂還。少憩裳巖，石潭甚深廣，白石傍羅。僧言“楡岾佛初來，九龍避去，一宿於此而入九龍淵，此上下數三小潭，亦皆龍之所宿”云。

至楡岾坐山映樓，俄而雨歇，遂向船潭。潭在寺西北三里，沿溪輿行，多得瀑潭之勝。至所謂船潭，潭大如火龍潭，石潭天成如槽，前舷有小觜，水盈潭而自前舷落，又爲

2 輿 : 원문에는 ‘與’로 되어 있다.

瀑潭。

其西全石爲峰，步上坐潭傍，雲晴日照。坐弄淸漪良久，又緣危崖上十餘步，又得一石潭，雖小而深無底，雙瀑左右落。其上潭之流下者，亦有雙觜，所見甚奇，欲名之曰四角潭。其上十步許西石上，刻“萬景洞”三字，由此而上，可至萬景臺云。坐久還歸，至船潭下，坐溪心石，少頃而還。

廿五日。霜。朝飯日氣不陰，輿上隱身臺，中路霧起十餘里。至臺下霧益甚，業已來，下輿步上。攀崖而登甚艱，旣上但見四面上下，惟一色雲霧而已，惟聞東北間水聲噴薄，此乃十二瀑也。題名石上，坐良久霧益甚，殆不辨咫尺，恍若身浮澒濛中，亦一奇事。不得已下向外圓通。十餘里過佛頂臺，霧甚不得上。

又登一嶺，登非甚難，而欲下極艱。下十里，外圓通僧持輿來候，此卽朴達串云。險且削如掌，無著足地，前有大海而不見，脚力殆盡，實平生創觀。所經鶴巢臺在路左，自嶺二里許。風穴在路右，自鶴臺數百步，巨巖罅呀然，丈雪積其中而已，無他奇也。

下嶺幾盡，爲五松臺。旣下籃輿溯溪，霧始歇。仰見石峰峭峻，卽松林後峴。溪後石壁，刻“第一松林泉石”六字。路傍得白石、澄潭，石勢雄鉅谽谺，數道飛泉相擊撞，往往停爲白沙潭，所見極快。

坐少頃，又溯上數百步爲松林菴。菴前有石窟，左窟小而水生其間，右窟頗大，安佛像，題名其上。其前水石極淸幽，全石峰底石潭演迤甚長，極欲下弄，而雨將作，不果，復沿溪下。

至圓通午飯，輿上孝養串，嶺路甚巉，巖間不能輿。既登則雖有雲霧，亦能俯臨東海，雲霧之中，島嶼微茫，甚壯觀也。鉢淵僧持輿來待，而路如削，又多石，其難著足，甚於前嶺。僅僅步下嶺，後七八里，前則五里許。

下嶺數百步爲溪，清溪、白石甚佳，坐少憩。溪右石面，刻蓬萊書"朝玄圃，暮蓬萊。明月鉢淵洞，清風桂樹臺。俯臨東海揖麻姑，六六壺天歸去來"。左書"滄海"二字，右書"紫洞"二字，紫洞者車軾之號，而未知何以書之也。其上絶壁，刻"蓬萊島"三字，亦蓬萊書也。桂樹臺卽溪後峰巒，而石峰連亘甚奇峭。渡溪上百餘步爲瀑布菴，少坐輿下。過蓬萊島百步爲瀑布。

白石盤陀無階級，中開水道。凡數十步，邐迆圓滑，水道其間，下爲潭不深。使二僧走瀑布數次如故事，其慣習便捷，亦一奇觀也。坐少頃，天將雨，遂還。自瀑至寺一里許，甫入門而雨，日且暮矣。望見孝養串，雪滿山頂。雨少下夜止。

廿六日。晴。朝飯登寺左石臺。臺與寺接，卽眞表律師坐化之地云。有雙松屢枯屢榮，故臺名榮枯臺。中間失火，松亦燒，而燼餘復生，見之婆娑，而一則又枯矣。僧言"昨年枯死，非久當復榮"云。小石碑中折，只有下半，麗僧瑩岑撰也。

下臺輿至瀑布。初晴朝日，照映巖面、澗谷，晶熒可喜。桂樹臺罷霧，亦甚璀璨。坐良久，輿行溪左數百步，有巖立路左如鐘，刻“鉢淵”二字。

又行一里許得佳處。瀑落石上，上下爲四石潭，而第二潭最大而團圓如鉢形，寺以是得名。此爲寺洞口，人馬來待，坐弄清漪，惆悵不忍去也。有頃上馬行，未幾爲平地。回顧外山，亦雄奇絶特，其餘枝散葉亦多，足當三角全體矣。

三十里踰夢泉寺後峴爲三日浦，遙望四仙亭縹緲然。坐寺少憩，呼舟入湖。寺在湖西北二百餘步。浦之爲形，環回如鏡，周遭十餘里，奇峰環合，世所稱“三十六峰”。

水自海東來，而不見水端，亦不見海。峰巒之間，湖水曲曲灣廻，須棹入其中方可見。峰上多蒼松鬱然，照映鏡面。濱湖而巖、中流而石者，皆奇潔有精神。中流石島，華構翼然，爲四仙亭。登亭東望海曲，坐憩良久。亭上有北窗、簡易、蓬萊以下諸名公詩板，天坡公詩亦在。

泛舟至丹書石。石在亭南水中，“述郎徒南石行”六字，“郎徒”二字不可辨，餘則可辨，然恐是近來添畫也。題名石深處。

其巓有彌勒埋香碑，元至大二年己酉八月所立也。碑體甚小，石是燒甎，字畫略可辨。下回舟至寺午飯，又泛舟湖面，環亭四周。亭東刻“四僊亭爲申玉爾書”八字尤翁筆也。

舞仙石在亭西山麓，巖石奇秀，面刻三字。上有小碑，洪貴達諸公來遊而記蹟者也。楊蓬萊“鏡裏芙蓉三十六，雲邊鬟髻萬二千。中間一片滄洲石，合著東來海客眠”一絶，刻在湖西南石麓。獅子石在湖北水中，狀類獅子負雛而伏。

湖東松林迤入湖中，森蔚映帶。湖邊有巨石，刻“第一湖山”，後面刻“三日湖”。曳舟沿洄多時，下步松林中。又以舟渡馬，坐良久，向高城，不過四五里，入城西門上海山亭。

亭在衙西小岡，地勢暢豁。南江帶其西，滄海在其東，清沙、白水、雪浪、銀濤，旣兼之，而七星玉峰立海中，金剛峙西北，東西龜巖相望，眞海山名區也。壁上詩板甚多，天坡公詩亦在。

坐至日夕，下而出城。南去且二里登帶湖亭，前帶南江，後負小岡，東通海門，西挾金剛。眼界端妙，比海山抑又勝焉。風甚不能久坐，下至下處留宿，本倅兄弟自山出來。高靈要更遊三日浦甚懇，許之。

廿七日。陰。味爽上東龜巖。在衙東鄕校後，巖形如龜故名。俯臨東海如几案，但雲霧滿海，不可見日出。天明亦已久，將欲下去，忽赤輪出海上，如大銅盤，徘徊許久，漸漸而上，旣上漸入雲霧。盖日出處一帶僅無雲，故只見其出，而其光彩之照映者，旣無由見，旣出之後，又旋入雲也。同行皆喜，以爲猶大勝於隱身臺也。

朝飯于衙中，出下處。高靈來下處，與同往三日浦。抱川李祥麟族人也，適來此郡，亦偕往。

太守送歌妓、琴簫之屬，且載酒具盛饌。沿洄水面，曲曲皆至，天雖陰而風恬湖平，甚好沿洄。沙汀鷗鷺飛集，聞簫歌不驚，意甚閒。午泊亭下，進肴酒盡醉。又復緩棹搖曳泊西岸。

上馬踰寺後嶺，行四十里，細雨霏微，日暮雨稍大，投山下小村。村名長田。投一人家，先已有他人入，遂入坐。

盖洛中閭巷人也，自言"偶來歙谷，遍觀侍中、叢石、金幱、三日，將欲入山"云。視其前有唐詩，意其能詩，問之，爲誦數篇，亦閭巷未易者也。與同宿，姓宋名奎斌云。臨行作二絶以贐，次贈而行。夜雨。

廿八日。朝雨不止，少停行，俄而雨止，促飯而發。十里至甕遷，步登遷觀海。時雲駁乍解，日光隱映，海色爛然。日恬無風，而海濤猶盪拍，遷下甚壯。島嶼點點，遠則一帶雲霧，連天而已。坐久步下。自此十餘里，舍海行谷中，踰一嶺復得海，而自此山谷傍海，松林蔽虧，往往有村落，意甚閒遠。

又行八九里爲雲巖驛。行且二十里，海波頗靜，漁舟出沒，白鷗成羣，且飛且浴，見之甚閒遠，未覺在海上。出門巖，午炊于長林塩村，發向通川。自此松林尤薈蔚，山村益幽，路多由阡陌間。望見海沙，稺松成林如織，連亘五六里，此《農巖集》所稱也。大抵海沙如雪，而其上非躑躅則海棠。往往有松林，雖不能長大，皆葱蘢如織，馬行其間。夕投通川邑底李文世家宿。

廿九日。陰。朝飯向金幱窟。自郡東北七八里至海邊，波瀾不靜，然無風，船夫以爲可行，遂登小漁舟。黃公不上，波濤洶湧甚不安。近窟濱海，石壁巉峨，連亘數百步，皆如人巧雕鏤。中有石深坳成穴，舟人稱仙人沐浴處。

過此千丈絶壁削立，如數十疊屛風，其色蒼白，疊疊皆成如屋窟，而金幱窟最深窈。舟泊其下，窺其中，極深，僅容小舟。回轉而入其中，有丹壁、翠崖，而水勢甚惡不可入，遂返棹望見。

叢石在北。波濤雖起，風來甚順，意甚快適，泛舟大洋海中，亦一快事也。回泊，黃公坐待，遂並上馬行。屢失路，紆回且二十里，始至叢石。長巒逶迤入海中，且一里許，𨻶然以峙，步從其右而上，有叢石亭。前有大石柱離立者四，最前者小亭，東有短碣無字。

長巒左右，皆以六面石顚倒錯置，有若築成者。坐小酌，風力甚大，渡濤洶湧，殆過柱之半，凜不可留，亦不可舟，遂從巒下。

從柱傍近視益奇。從崖左下，步行至喚仙亭。亭在叢石亭西，陸地正與相對。望見亭下石柱削壁，雖連亘爲一，蒼白峙立，見之甚奇，亦且一目盡之，亭爲此作也。亭宇撓敗難坐，雨且下，坐亭前少頃而還。

踰巒至漁村，有巨骨如樑柱，往往在沙石間。問之，大鯨春間死於海邊，此其骨云。午飯少俟雨歇，還至通川邑李家。通川守來見。

卅日。朝起有雨不能發，往見邑守。飯後雨止發行，主守助行資。午炊中臺店。卽楸池嶺底。嶺路幽深，古木成林，路上不見人，白日亦可怕也。小雨霏霏，發向前路，路甚峻，屈曲如九折羊腸。登登而上，適霧四塞，不辨前路。行且十里爲嶺上，雨亦止，少憩。自此路平。投和川村宿。

四月初一日。早朝微雨，飯且發行，雨亦止。行且五十里，雨下，渡蓮松橋，卽金城地。麥坂甚峻，石角難行。踰嶺投灰峴店午炊，雨益甚不能進，留宿。雨達宵不止。

二日。朝起見山上雪白，物候可異。飯後雨止發行，抵金城路上微雨。邑令送人相問，且送酒饌糧資。

三日。乍晴乍陰。日出發行，午炊金化生昌店，謁元忠壯廟。夕投西才日店宿。

四日。乍晴乍陰。店主盛言禾積淵之勝，遂往見。去店西北五里，由深松林入，下一麓卽長川，左右翠壁環擁頗奇。松樹、雜花交映，而有巨石盤陀入川中，忽復峙立如積禾。

其下川最深，石中亦陷爲深淵無底。石上有立旗迹，未知爲何。但地欠幽阻，川不淸石不瑩耳。復尋舊路，出店西村後，又行三十里，由永平縣前路，白沙淸川十里，綠林極淸曠。

又西四五里爲金水亭。川水近此，灣廻如弓，而至亭下又縈抱如帶。亭構蒼壁之上，壁甚戌削。由亭北兩石如門者而入，刻石峰筆"洞天石門"字。其傍臨江一巨巖，刻"廻瀾石"，模華使許學士筆云。亭扁乃蓬萊筆。亭傍古檜、老松挺立，登亭甚淸曠，坐小酌。亭之西北百餘步，沙汀廣鋪，有白石頗奇，中陷是爲窪尊，刻"尊巖"二字，其傍刻蓬萊一絶。窪尊沙塡可欠。

其西十餘步小巖，刻蓬萊三五七言。從亭崖沿川傍往觀，坐久上亭少睡，午飯。亭是金胤福爲名人所居而歸之蓬萊，蓬萊還之金家嫡室云。處地旣勝，藏占亦久，林藪、沙石，映帶甚佳。復從尊巖傍上馬，沿川北向蒼玉屛。至屛下，屛根揷江，甚巉峨連亘，上多林木蔚然。思菴書院在川左，亦有巖崖、林木對玉屛，而川深無舟，不能拜書院，悵然而返。

歸至永平縣前，坐沙岸待舟良久乃渡。行且三十里出場街里，又行且十里爲擺撥幕，日已昏止宿。

五日。晴。日出發行，午炊樓院。止東亭坐憩，綠陰滿山，瀑泉淙琤，“吾愛吾廬”，眞實際語也。

## 衿陽遊記

戊申五月初吉，作月谷行，族兄國寶氏、庶弟珷偕焉。渡露梁拜朴定齋先生祠宇，先生舍世之地也，五月五日，爲先生諱日。人以比屈子汨羅。小子之來，適在是月，尤可悲矣。吾祖考捐子孫，後先生二日。嗚呼！己巳之事，千載而下，猶必爲之涕泗，況小子之心乎？

院臨江，眼界殊佳勝，但堂宇荒落殆甚，士林之羞也。其西爲六臣祠，新修極明潔，瞻拜訖。又見三塚纍纍路側，爲激想慷慨不能已。舊有短石，書曰“成氏之墓”，曰“李氏之墓”而已，今亦不可見。盖有許穆、南九萬爲之碑者，而許文作於諸先生雪寃之前，不敢明白表章，而名曰“疑塚碑”，此其人與文不足用，南又沮格莊陵之議者，諸先生其肯受其文乎？

先親正郎公嘗管院事，議乞文於先輩，以成其事，文未出而先親去任，未久而下世，事遂已。噫！今之君子，其尚有念此者乎？

將訪紫霞洞，宿于三幕寺，道逢人問上寺路，指路左一洞曰："此卽上寺路，而險仄難行，由衿川邑，踰松峴而進則路頗坦，可馬行也。"如其言，取衿縣路。

時久旱麥且枯，顧視山頂有雲氣。余曰："我曹若得沾，今日雨幸甚。"國寶曰："雖全身皆濕，何憚也？"言未畢而雨灑，四山微濛如水墨畫，林樹已蔚然動色。余曰："非獨田家之甘澍也，大助我輩遊興。"俄而雨稍密，一行皆油衣。國寶亦油衣曰："所謂全身濕者，殆虛言也。"相視大笑。

日過午，頗患腹枵，疾鞭入邑店。國寶曰："纔所過林壑，隱隱若有異，吾恐紫霞洞已失去矣。"問店人果然。盖吾輩徒知洞在上寺路，而不知從險路入，正得紫霞也。中火而行。雨乍灑乍止，山漸益佳。余曰："飽後看景物，方識好處。自今不必騎馬出遊，但在家飽喫飯，此應是好景色。"皆呀然大笑。

踰松峴，漸得巖澗之勝，山中無人問路，遙見山脊，林木蒼蔚，知其下必爲寺。第從一路登登而上，果寺也。前樓臨西海，若池沼然，如値晴日，可壯觀。老木交遮其前，意欲剪去也。

宿東寮，雨達宵。朝飯下山，雨少歇，山水灖灖爭流。下馬屢憩，不覺沾濡之苦也。取安陽路，到月谷，日已暮矣。

## 西遊日記【己酉】

己酉四月初二日丙子。與珷弟爲松京遊。再從兄國寶氏爲會岳家葬，先一日向長湍之細谷，約以三日相遇於松都，金友誠之寓居坡州柴谷，預送書爲期。

是日平明出敦義門，微雨時灑，雲氣點綴可喜。時久旱望甘霈，余語同行："天若下雨，雖吾儕沾濕爲苦，於田家誠大幸，且於觀瀑爲大助。獨以無油衣爲慮。"既而雨不果作。

中火碧蹄，二十五里爲柴谷。距大路數馬場，入謁金知敦寧丈，而敏亦在焉，坐語良久。誠之亦已俶裝，遂並馬行三十里，歷訪花石亭。亭臨江岸甚高爽，杜鵑夾岸成林，雖衰尙可觀。間有梨柰相錯，躑躅亦盛始開，松檜粧點，頗亦幽雅。

江自北來，至亭下彎而又南去，其來處去處，皆可俯見，白沙平鋪江曲。眼界頗遠，天磨諸峰皆可見。主人李老綄出見。其子舜翼卽進士族叔女壻，訪見族姊。誠之携壺成小酌。日落舟下臨津，村舍投宿。

初三日。旣明涉津。霧氣漫江，天水相際，亦奇觀也。舟中小飮。渡江二十里，朝飯梧木店二十里。自板積橋爲松京地，山川明麗，與漢京不甚上下。過天壽院舊基，階礎至今宛然。過吹笛橋、南朝院舊墟，由槖駝橋至銅峴，卽府之南。盖與國寶氏約會于此故也。逢寶兄奴，知已先到，遂入所舘，相見喜甚。

中火，南行一里，入瞻敬德宮肅廟御製碑，面勢平正，岡麓環合，眞天作之地也。登後麓望見府內，樓臺緝緝稠密無片隙。行過猪支橋，登南門樓，四望村閭，比敬德所見倍之。樓有肅廟御製，傍有大鐘，稼亭作銘。

眺望良久，向延慶宮舊址，頹垣、廢礎縱橫，數里荒墟，可想當時結構之宏也。東池雖爲稻田，今尙可認，西偏一石臺，卽所謂簡儀臺也。殿基自作一洞府甚宏偉，左右朝擁，亦皆平穩環匝，一洞之外，無所見，松岳之雄秀、龍峀之明麗，眞所謂天府也。

盤桓感慨良久，登最高殿基。府中老人崔君秀華、秀泰兄弟率其子姪昌福、昌祚、昌祐，携酒來勸數酌。登殿後崗，崗後陡絶若天塹甚奇。日旣昳，東南行登觀德亭。亭卽府人射堂處，地甚高爽，俯臨萬井，視南樓又倍之。花柳樓臺，其觀甚壯。府人金僉知麗彩具酒饌來，勸誠之並及於我。亭東南巖麓曰鼇頭，壓臨井落，其觀勝於亭。

自此東下一里，謁崧陽書院。院卽文忠遺宅之基，而花潭、淸陰、潛谷、浦渚配享矣。彷徨少焉，歸宿于南門內薛先達昌垕家，待之甚款。其子寶臣業儒，可與語。

洪敎授夏濟來見于銅峴畫寓，夕又來見。白川守李丈秉淵適過此，余輩送人致訊，亦送人饋酒蟹，勸以必觀靈通。

初四日。日出作行。主人薛寶臣及崔生秀泰、其姪昌祐、金君麗彩偕焉。出南門，東過善竹橋，下馬彷徨移時，懷想忠烈，不覺涕落。橋邊小石碑“善竹橋”三字，韓濩筆也，成仁碑石小字亦甚拙。過成均館踰炭峴。自此屬長湍地云。

歸法寺故基前泉石甚淸爽。白磐、平潭，曲曲可坐，沿洄而上，愈進愈佳。但欠樹木不茂，巖巒少環合耳。占其最佳處，列坐爲流觴之飮，詠“歸法川邊踞送巵”之詩，良久忘歸。

寺但有廢基，獨川邊雙石幢及其東一塔尙存。此去府內十里，東至花谷書院未數里。院卽花潭舊居，而以思菴、草堂、習靜配焉。處地極幽靜，回抱岡巒點綴，甚有精神，實天爲碩人作考槃之地也。

院後石岡，有先生衣冠之藏，小西數十步，爲逝斯亭。亭下卽花潭，臨溪濯足，呼酒相屬。溪潭曲折，頗幽妙，石磯甚奇，溪南翠壁蚴蟉可玩。草樹葱然，尙有餘花，所欠旱餘水少耳。

日且午，騎馬緣溪而上。轉一曲得短瀑甚佳，傍有磐石甚瑩潔可坐，下馬坐玩瀑。自上潭落爲下潭頗深。石白水淸，瀑底無沙礫，潄激頗奇，若散珠揮雪然，樂之忘去。又取酒少飮，問于崔生諸人，云此無標名，甚惜之，爲錫名曰“潄玉潭”。

路東峰頂兩巖相疊，其在上者危寄若懸鼓然，此卽所謂鼓巖也。自此山路頗幽邃，數里爲靈通洞口。有石磯整如階砌，面勢方正，瀑流被之，墜而成潭。四面石多可坐，下馬少憩。

相謂曰：“此固佳妙，所欠石不甚白，意此上流必有眞境。”行里許，果見石漸潔水漸淸，巖巒益幽窈。誠之在前曰：“眞境果在此矣。”諸人遂下馬沿溪，水行石上，磨戛成栝，蜿蜒激射，爲瀑數丈。其勢已奇，其落處成石潭如船，水盈而後方流。

其南石磯極平夷瑩滑可坐。石屛護其後，方正如用繩矩。高可數尺，其上亦平濶，可坐數十人，色又甚白。凡其上下左右巖石之端好潔白可坐者，水之澄渟琮琤可玩者，不可盡書。相視喜甚，語曰：“李白川眞不欺人也。”坐石上洗盞共飮，惜此亦無標名，欲名潭曰玉屛，瀑曰臥龍。

諸人以靈通在前，促余輩行。余笑曰：“雖上靈通，必無勝於此者。”良久上馬，未數里爲靈通寺。未及寺且百武，得一曲水石，下坐亦淸爽可喜。意此卽是“土橋”，而溪西有古階砌，必是蔡壽記中“西樓臺”也，問之寺僧果然。少焉入寺。庭前有三塔，其東有大覺國師碑，雖經兵火剝損，其未損處字畫、石理如新。

入寺午炊，與寺僧坦璣語玉屛潭之勝，惜其曾無佳名，璣曰：“此名白石潭，石上自有刻，豈未之見耶？”余輩驚曰：“俄者耽翫旣久，若有刻，豈不能覩？”遂疑其有遺勝，歸路與誠之復向潭上。諸人徑向百花潭路，獨崔君昌祐從焉。近潭下馬，從澗道下，益得所未得。復從瀑上視屛，果刻“白石潭”三字，但風雨磨洗不分明，故初未之見耳。

又沿弄有頃，東北躡百花潭路，距此僅三里。路上望見林石秀爽中，諸人散坐溪上，已知其爲潭也。亟下視之，石勢頗雄，多欹仄。

瀑道其上殊逸，但無回抱幽妙之意。瀑上盤石有鑿痕六七，似是立柱之痕而未可知也。攀援而下一層，石勢如齟齬，衆淙道其間，眞合流觴，遂復爲流觴之飮。傍邊頗有林樹，處地之穩，頗勝上流也。

自此沿溪而下，已又舍去，下樵路險澁，或步或騎可二里，上嫗洞峴，始得大興大路。自此兩山夾路，林木頗茂，傍多古壁、層巖可觀。杜鵑生陰處者尚未衰，與嫩葉相間，蒨麗悅目。下馬憩槐亭。奇石峙立路左，花木被之可喜。金君以烏梅茶相勸。凡七八里登南門。

始自大路望南門，危絶甚，若無蹊徑可攀緣，而路紆回曲折而登，終以鞍馬上。旣登門樓俯視，滄海無際，雲霧浩渺。東有仁達、金神峰屬聖居，西有者羅峰屬天磨，皆若可攀援者，可知其高矣。誠之曰："昨見仁達峰如在天上，今乃居然坐在此中，人力固無所不到也。"余謂："此豈不足兪進德爲學乎?"北望城中諸峰，惟東將臺與淨光峰對峙，其間爲朴淵云。

始欲徑往朴淵，至大興洞，諸人多以日暮馬倦難之，因坐寺前妓潭【一名石門潭】，旣而又下一曲，坐淸心潭上小飮。日沒而歸，少坐大乘堂，宿于藥師殿。

未及靈通寺數百步，溪上巨巖委積，若羅疊甕罍。水流其間，或成瀑成潭，聲殷轟頗壯。瀑底石成罅十餘尺，水渟頗深。僧言"是龍臥處，故名龍巖"云，未可信。歸路下馬俯視，懍然怕人。坦璣自靈通從行，至大興宿處，翌曉辭歸。

初五日。平明起視，天色陰陰有雨意，諸件皆言必將下雨。余輩自發漢城，路上所語，皆望雨之言，而顧以旱甚，終不敢望也。昨與誠之言："吾輩中，若有如韓吏部者，豈不能感天磨山靈，請得一雨耶?"今朝微雨沾灑，亦謂是旱天常態。

令從人具朝飯於觀音寺，小飮，携躑躅笻，步過石門、淸心潭。自潭而下百餘步，爲馬潭，瀑布垂石壁幾可數仞，爲石潭頗深碧，無沙礫堆塡。

僧言"龍馬出於此，今亦疑有神物"云。坐巖上看瀑甚疏爽，面勢亦正，坐少選，上馬且二里許。路左巨巖臨水如磯，滑難著足，此爲太宗臺。巖左右小石竦峙。左巖有松一樹，此則似非舊物也。右巖上杜鵑方開亦可觀。

掠過觀音寺、龜潭，徑走朴淵，僅一里許。坐上潭少頃，出北門至泛槎亭。旱餘瀑未懸空，顧以雨勢漸大，諸人相顧喜甚，呼酒共酌。坐良久，披油衣而歸。

朝飯于觀音寺，觀觀音窟。石峰底嵌然如屋，覆簷安三石佛。傍刊諸羅漢，窟上杜鵑方盛開。雨下如注，余謂諸件曰："今日之雨，眞是山靈有知，韓吏部開衡雲，信非虛語也。"雨勢終日漸大，催進夕飯，冒雨將觀朴淵，僧徒言："雨過後瀑勢方壯，宜姑俟之。"余輩曰："豈有是理？山水易落，宜及雨未歇。"遂披油衣，上馬出北門。

前之無水之溪，今皆大漲，萬谷喧豗，若霹靂起於四面。余呼國寶兄曰："朴淵不見可想矣。"泥路跋涉，既至瀑下，寶兄與珷先下馬大叫。余亦踵至，不暇出他語，但連叫曰："是何壯耶！是何壯耶！"盖瀑【缺幾行】得雨勢益大，呼酒共酌，坐至日暮。

諸人以溪漲橋崩爲慮，遂歸，臨上馬又三四顧，頃刻漸增其壯。歸且曛黑。入夜雨聲如一，夜半後始歇。共詑觀瀑，以爲天下第一奇事。諸人言"此地人亦未易見如此時"云。

是日食後喬營書來，令一行由後西江來見。蓋松都距營不過一日程，而余則以有忌祀，將分路甚悵然。堂叔送酒與雉，煮雉呼酒同酌。出北門東望，山上懸崖削如掌，水直下其上，如掛匹練數百尺。此亦朝所未見，而雨後所得也。

初六日。曉起雨乍作乍止。亟騎往朴淵瀑，比昨夕小減，而瀑白潭淸，大勝昨矣。細雨霏微，巖樹氣色益新。良久上馬而歸，心惘然，瞻顧不忍別也。少憩上潭之上，俯視益駭慄。歸路步尋龜潭。潭在觀音寺前，卽朴淵上流。溪水演迤，成潭頗深廣。潭下有石，酷類龜形，首向潭處，故以此名。

朝飯于觀音寺，遂出山。霧雨霏霏，殆不辨尋尺，溪橋爲水所齧危甚，屢下馬步過。至馬潭，瀑勢噴薄甚壯，遍覆巖石，飛沫舂騰，一潭盡沸，殆不知其爲潭。與潭下瀑相連接，勢尤奇壯。余與諸人大叫稱快，駐馬不忍去。一路水聲如奔雷，甚快胸襟。

至石門潭，瀑勢橫亘，騰挐於巨巖之上，其雄甚於馬潭，但體勢奇逸少遜耳。霧甚馬上呼酒爲飮。至南門白霧彌望，天地澒洞爲一。余笑謂諸人曰："昨日之雨，無乃大海漲耶!"觀音僧俊贊、貞澤至中營前辭歸。至吾道峴，此卽自嫗洞會大路處也。由大路而下，夾路伐石築道甚齊整，跨澗往往有橋石。如是者數里，此必前朝輦路也。相與慨人力之太勞，歎奢荒之無度。顧謂誠之曰："此必前朝將亡之時所作也。"

自此過百花潭洞口，望見靈通洞口，皆在路左。自吾道峴至漱玉潭僅十里。未及漱玉潭，路左石壁，平削可數百步，皆有罅如層置列立，意此卽是皺巖也。前入靈通，亦嘗過此矣。

漱玉潭得雨。玉流鋪盡一巖而下，莫非漱玉，還不甚奇也，駐馬久之，意甚快爽。至逝斯亭，溪流盡覆諸巖，釣磯下澄潭平廣，盈科勝致，比前不啻累倍。坐石上良久，小酌。

行過歸法川，水滿平潭，瀑覆白磐，景色稱其境界。下馬坐前日流觴潭傍，而列坐流觴之石，已在洪流中矣。坐石小酌。行經平野，令崔弁前行馳馬，亦奇觀也。

還到成均館下馬，入明倫堂，結構之明麗、庭除之肅敞，無甚讓於太學也。歸路入東部金僉知家，洞名於隱洞云。午飯發行，至南門外，與寶兄、珷弟分路。未及板積橋，遇小雨，披油衣，行數里。過拈峴撥幕十五里爲梧木店，比入日已入矣。

是日松都人金光琛、崔昌祐諸人持酒肴，往華藏。蓋以余輩初計自朴淵向華藏，觀貝葉、旃檀，而朝雨未霽，金僉知諸人皆以路險溪深挽止，故未果往，而誠之頗以此爲恨。余解之曰："凡天下事，絶難圓滿。吾輩今日之遊，雖令自爲之地，未必若是如。願留一華藏爲一缺典，以解化兒之猜，亦何妨也？"誠之笑曰："子言誠然，至是聞此，深以未見爲歎。又歎諸人爲吾輩作空往來也。"

午飯金麗彩家，夕投宿梧木店，路遇小雨。

初七日。陰。曉發渡臨津，登花石亭。雨後江山益佳麗，躑躅盛開，綠陰已成。主人具酒相待。歷謁豐溪祠。祠在坡州鄕校傍，卽先祖考及李、朴二公竝享之地也，追惟當日，不覺沾袂。

午投柴谷金丈宅中火，與誠之作別。秣馬昌陵店，歸到城西宗家，日纔沒矣。

## 向日齋記【癸丑】

余至觀城之翌日，見廳事北園有小齋，地爽塏宜眺望。蓋太守之燕室，而不掃灑久矣，余爲修漑，新其塗墍，莅事有暇，將居焉。

客有從余者請余名之，余曰："是宜名向日。"客曰："何哉？斯邑雖遐僻，亦有海山之勝焉，而斯齋也實有之。子之朝夕於斯，而忘其流離羇寓之勞者，惟是助也，今名之何不取斯？"余曰："唯。海山之觀，固余樂也。然余不肖罹罪，聖主寬宥，使得在吏民上，余惟勤職事恤民隱，幸少補其愆尤。乃今以登眺觀遊之適，傲然自誇，其殆侈而蕩矣，余不敢也。"客曰："然《詩》不云乎？'無已太康？職思其居。'夫斯齋者，太守之燕室也，端居遠觀，澄心凝慮，早夜修滌，思不負吾吏民，子之職也，今名之何不取斯？"余曰："唯。子言善矣，猶未足盡余心也。余以不才侍經幄，一朝出塞邑，而惟其心惓惓 禁闥，不敢一飯忘焉。此余之所以名是齋，而以寓戀君之懷也。"

客乃喟然歎曰："噫！《詩》不云乎？'瞻彼日月，悠悠我思’，子之謂矣。夫人患不能愛君，苟知愛君矣，其於守君之職、莅君之民也，何有？向吾之勉子，其亦淺矣。請書而揭之，俾後人知之。”余曰：“無爲也。臣而戀其君，惟亦其性耳，豈敢求人之知？”客曰：“子言似矣，其無亦不廣乎？後子而居斯齋者，孰非吾君之命吏？誠使顧名思義，一起居而不敢忘君，則必無墜其職，而斯邑之民，其庶幾矣，子何敢私焉？”余曰：“否。人之愛君，孰不如余？余何足爲後之君子勸？然余頑愚，懼此心之久而怠也，請從子言。”客曰：“《詩》不云乎？‘夙夜匪懈，以事一人。’異日子歸而侍於朝，其毋忘斯齋也。”

余拜曰：“謹受教。”遂爲記。

**巡海日記**【庚申】

四月十二日壬午，巡視沿海城墩。早朝發府中，治甫及純兒從。十里穿過濟物鎭城，登加里山墩，去海可五十步。丁丑，張紳乘船遁去，千摠具元一憤罵赴水而死，卽此地也。

邸人走至傳除目，昨日有文衡之命矣。四里歷左岡墩，又四里少憩龍津鎭，東行二里爲龍堂寺。寺甚凋弊，前有樓名斬鯨，去年改構云。登樓小酌。樓臨洪濤，可俯而唾。上游鎭海、伏波諸堞，越岸文殊城縈紆山海間，可觀也。

過龍堂墩，路右陂澤極深廣，卽大青浦也。趙判書復陽居留時，築此堤以利民云。一大阜陡臨埤堄，頗通望快人意，名四望串。坐少選，過花島墩，去龍堂可四里。又二里登鰲頭墩，絶岸起海中，臨望尤壯。

行六七里，中火廣城津。鎭軒左夾海，甚勝。岸上桃花方開，柳絲深綠，甚可悅。軒名鎭陲，壁上有序，係以詩，故進士玄復泰作也。

佛恩儒生申興佑來謁。登城樓少憩，行未一里，登孫石墩，地亦高爽。水中多亂石，波濤甚險急，三南漕船過此方無憂矣。五里許登德津鎭前城樓。城外有倉舍，數十村家環之。浦邊雖多石，而潮滿則便於泊船云。自此水益廣。

又午潮方至，頗有觀濤之興。又行五里至草芝鎭。鎭軒負海，軒後有息波亭，直臨海水。此去大洋二十餘里，島嶼相錯如畫，風大作不能久坐。行三里歷長者坪墩，風益甚雨作，入路左草舍。村名栗洞云。待少歇，行至鼎足山下，雨又注，促輿入山城南門。門有小樓，名宗海，亦新構云。

入城爲傳燈寺。寺之創不知何世，而至正年三改構云。今爲護 璿源、史閣，置摠攝守之。城卽古之三郎城。蓋此山有三峰，世傳檀君使三子分築城於此，今合爲一城。山中林樹正敷綠，山杏盛開。寺去草芝鎭可十里云。僧霜勳舊從三淵遊者也，取其詩帖閱之，宿于西寮。雨至夜不止。

癸未。霧。沈兄伯潤自府中至。朝飯觀法堂。佛殿有舊玉燈，僧言“貞和公主所施”云。寺前有對潮樓，名取駱賓王詩句也。壁上有牧隱一律曰：

蠟屐遊山興自淸，傳燈老釋導吾行。

窓間遠峀際天列，樓下長風吹浪生。
星曆蒼茫伍太史，雲煙縹緲三郎城。
貞和願幢今誰植？壁記塵昏傷客情。

伍太史，疑卽伍允孚也。

寺西百餘步爲璿源寶閣，藏史閣在其右，皆東向。肅拜訖，臨眺良久，雲日亦稍晴，草芝諸浦，若在屐前，金浦諸津，又逶迤於其外，三角、松嶽，皆可望見。

出西門，下峻坂，憇船頭浦鎭，自傳燈僅三里。西南行三里，觀大堤。堤卽丙戌閔相國鎭遠居留時所築，横截海口，東自吉祥山麓，西至矗陂峰下，可五百餘步，功費數鉅萬。其內淤泥之成良田者累千頃，可續而耕者又如之，府民萬世之利也。

浦口東有陽巖墩，西有葛串墩，皆去海遠，今廢矣。初，欲上摩尼絶頂，而西望山巓，雲氣蒙羃，不可眺望，遂徑歸。三十里爲大門峴，山上有土城址，麗朝所築，而此爲南大門云。坐山上少飮，俯視城中，宮闕、樓臺頗壯，東北甲津、燕尾諸勝皆可覩也。午後歸府衙，可七里。

月谷集

卷十一

書
墓誌銘

# 書

## 與洪君素【樸○丁酉】

伏惟日間，侍履萬福，哀慰區區。日昨之疏，僭越爲懼，及承辱答，不惟不之罪，諄諄之意，有加無替，其於蒙昧啓牖實多。

瑗雖至愚，寧不知仰荷厚意，亦寧不知自訟罪負者哉? 瑗之前言，非有他也，蓋以《尙書》五十篇之義，不外乎精一心法、治平大經，雖欲舍此而他求，有不可得者，而讀書工夫，苟不有渙然、胳然者，則終爲茫昧無得，而不可謂之讀矣。愚之於高明，誠不敢以章句剽竊之學相期，故其所以仰望者，自不得不若是也。如以溢美不誠，爲瑗之罪，非其情也。

今承盛諭"自以入孝出恭、窮格涵泳，俱不能一，何敢望此?"云，深味此言，可以見其切問近思之志，而深戒躐等陵節之病者，中心歎服，旣不可言，而乃瑗之罪亦自知矣。

蓋嘗聞讀書爲學之法，必先讀《小學》以收放心而立大本，而進乎四書而次及乎三經，以致其窮理致知之功焉，是其次第不可亂也。高明之於《小學》四書，固已熟讀矣。然其精思力踐之工，恐未必盡也，而今遽欲得力於一部《尙書》，工程固失其次序，而意味或不能親切矣，則愚之前言，固不免躐躋階級，而實亦高明之用工，先有近於此者耶？

然高明若以瑗之不勉以循序工夫，而遽望其極致功效，責其謬妄，則瑗固有爲人謀不忠之罪矣，何敢逃乎？何敢逃乎？然高明或因愚言而加察焉，反而從事于《小學》，消了旬月工夫，次及乎《大學》、《論》、《孟》、《中庸》而後，乃及乎《尙書》諸經，則其根本之益固，窮格之有序，而進於愚之所期望者，何難之有哉？則顧愚陋亦與有幸焉，抑瑗於高明所以待瑗也，終有不釋然者。

愚之前疏，以課程不嚴，知見未到，切切爲憂，而高明才見此語，便謂非可憫之事，不惟不賜敎誨，終無一毫懸念之意，此非憂我之泛而何？此亦可謂勉戒期望耶？此實非愚之所仰望於高明者也，此愚所以不釋然者也。是豈其迷滯之見，不能開悟耶？無亦高明之敎人，終有未盡而然耶？幸望更敎之也。

且愚欲因來敎有所仰復，此或可以有助於高明，而少贖其前愆耶否？竊聞求其放心，爲學者之先務，而此與精一之心法無二致也。日用言行皆一心之所管，而雖以治平之大經，不外是也。今若能存此心於愛親、敬長、視聽言動之間，以下學而上達，則精一心法乃吾之心，治平大經乃吾之事，夫何高遠難及之有哉？又何精粗大小之可言哉？此固愚之所願學而不能者也，亦高明之有志而未就者也。如瑗之庸懦頹闒，苟非大振發奮厲，則終無以入聖人之道，若高明資質之果銳，其於進爲宜無難者，而亦終不能沛然者何也？ 豈其向外擾攘之病不盡除，而篤實沈潛之味，或有不足耶？

蓋進德之要，在乎矯氣質，克己之功，先從偏處始，則韋弦之戒，豈非愚與高明所當勉者乎？此蓋愚平日之所蘊，而今爲高明一言之，非敢以高明爲不知此也，蓋亦愚誠之所不能已也。惟高明察焉。

如瑗者，已不能而輒望於人，無其實而徒有其言。雖口破舌弊，何補於事？誠以荷高明相與之厚，故不敢自外，輒貢其愚，而內省吾心，不覺騂汗。若其所言，實出悃愊，惟望高明勿以虛妄之言而棄之。苟有可教者教之，亦有可採者採之，愚不勝幸甚。

昨者金兄文甫以長書來，勉戒諄復，此意良厚，極用感歎。瑗值歲將盡，益覺頑戾。明當往省壟墓，孺慕益復罔極。餘惟迓新益祉是祝。統希俯察。不宣。

## 答金文甫

日昨枉顧，頗得從容，感荷已不可言，乃復辱賜長簡，辭旨縷縷，勉誨箴規之道、虛心求益之意，藹然於行墨間。平生孤陋，蓋未嘗得此於人，今於高明忽見之，私心感幸，當復如何？雖其中或有責望過分處，亦何敢以愚不敢當爲解哉？

瑗之於此學非無意也，而終不能實用一分之力者，蓋以誠意不立而萬事皆廢，故心志精神懈惰錯亂，而動靜威儀無所管攝，誦讀思索到處窒礙。顧其愚昧，終不能知此之爲患而思所以改之也。

今承來諭，指論病痛，開示藥方，明白剴切，茅塞之心，怳然覺悟，若將使膏肓廢疾復起爲人。其恩輕重，宜如何報？然此特高明見其形於外者然耳，若其心慮隱微之際，則雖高明何以盡察哉？

愚嘗因來教而自省焉，則其本心良知梏喪已久，惡念私欲蔽塞腔子，日月之間，天理之存，曾不能以一瞬，則雖曰有人之形，而實與禽獸奚擇哉？雖曰讀聖人書，而反不如不讀者之爲不欺人也，其亦可愧也，誠亦可哀也已。

然是皆有根有原焉，心術之不實也，氣質之難强也。凡人莫不知惡之當去，而終不能去者，蓋以念慮幽獨之微，人所不見，異於顯然事爲之著，衆所共知者。故姑欲苟且掩護，以自欺而欺人耳。

今愚之日用行事，雖或無大段過惡，言語講論眞若有高志遠慮，而反而求諸心，則莫非矯誣矜飾掩人耳目者耳。其與小人之陰惡而陽善者，奚以異哉？苟充是心，則亦何所不至哉？

是以時或怛然自悼，思有以改心易慮，而輒爲舊習所奪，而外物又從而撓之矣。苟非其氣質之剛，果能有以自剋，勇往而不已，特立而不動者，其何能血戰取勝哉？

自念愚之氣質，偏於懦弱頽闒，而不能奮發確守。故常苦其用力之難，而安其舊之簡便，每牽於私欲之誘，而忘其心之放失，一念之善而輒有沮者，一息之存而輒復亡之，雖欲自力焉，而亦未如之何矣。如此而尙何望其有爲耶？來諭所謂“少勇進之工”者，蓋亦察此耳。此皆病之根原也，苟不有以治之，則雖積以歲月，亦只是今日耳，將何有一毫進益哉？

噫！人之所以爲人者，豈以耳目口鼻儼然容貌而言也？聖人所以著書，亦豈但欲使人誦習章句，以爲口耳之資而已哉？以此時於中夜一念之發，愧懼怵惕，不自覺氷炭之交中也。

嗚呼！日月逝矣，歲不我與，少而不勉，老且無成，則雖欲爲朝聞夕死之鬼，其可得乎？此固愚之所大憂者也。然嘗聞朱子之言曰："知得如此是病，只不如此是藥。"今愚旣知其所可憂者，寧可不知其所當勉者乎？

誠能自今日用力於“敬”之一字，凡於入孝出恭、日用事物之間，莫不以是爲主，以收其放心，而尤加察於氣質之難强、心術之不實者，以去其病之根原，使此心之靈常在腔裏，則其視聽言動有所聽命，讀書窮理自生明睿矣。此固成德君子之事，實非愚昧之所敢仰望，而乃其志則亦不敢不欲自勉也。顧其庸陋，終不能焉，則亦但爲空言而已矣。

今高明乃以自己之病，俯詢於愚，有若求助者然。雖其樂聞善言、不恥下問之意甚勤摯也，而顧愚豈其人哉？豈其人哉？然愚之受賜於高明者，至深且厚，而況高明慨今世友道之喪，旣以此自居，又以此責愚？愚今若終默默而已，則是不但棄高明之惠，亦高明無乃以愚與世之承順面諛者同類而幷視之乎？是則愚重得罪於高明也，而若欲有言乎，則以愚無知，其將以何辭仰裨於高明之所不足耶？所不知者，旣不可强，則姑以愚之所欲勉而不能者，爲高明一誦，聊以求敎於高明，而亦冀幸有萬一之助於高明進德之功焉。惟高明察之。愚之爲此也，非敢以高明爲同愚之病而有愚之憂也。

蓋以管中之窺言之，高明之於持敬收心之工，猶有不能著實者。若其心術之微，雖不敢知，而言行思慮恐或不能表裏如一，氣質之美，固已近道，而猶似和柔有餘而剛果不足。亦嘗見高明慨然自責有“舜何人，予何人？”之憂，故輒以是爲高明獻，若高明不以爲妄而加察焉。

以愚之病，爲若高明之有病，以愚之憂，爲若高明之有憂，而用力於愚之所欲勉者，則誠有自治之太猛、用慮之過深者矣。然修己之方，貴在嚴密；憂道之志，不厭懇切，則其德之進，必將有日新者焉。況根本之培壅，益有深厚，則枝葉之病痛，自當輕可。高明所病，日用動靜之失當，書冊玩索之難通者，不必別求藥方矣。然則此在愚陋，固爲空言而無補，在高明之受用之，則亦不可謂無其益矣。間嘗以“文義未通，不敢望學問”爲敎，今又以此反復諮詢，愚之以持敬收心之說，縷縷仰陳者，或非虛妄，惟高明更加察焉。

向承高明方讀《孟子》云。遏人慾、存天理之功，固莫出於此書，而竊聞讀書之序，必先《大學》而次及《論》、《孟》。至於《小學》則尤當最初用力者。高明之於此書，想已習矣，而恐亦未必有精切之工也，或可更依此序而用工否？

曾見《擊蒙要訣》，論此甚備，想已檢見矣。若以《孟子》未卒業，不欲中廢，則不妨兼看《小學》否？蓋聞此書大義，固不出愛親、敬兄、灑掃、應對之間，而他如"言忠信""行篤敬""居處恭""執事敬"等語亦多在其中。此誠聖賢之坏樸，而持敬收心之要訣也。爲學之初，恐不當舍此而他求也，不識高明以爲如何。

瑗是何人，顧何敢妄論此事，而惟不忍終負厚意，玆乃悉暴愚衷以求明教，而念高明之借聽於聾，已失所宜。顧愚昧乃芸人之田，奚其可哉？然言固有不可以人棄者，惟高明細察而詳教之。乃愚之願也。或高明取以當座右之戒，則尤愚之大願，而顧亦何敢望也。

向見君素答書，始覺愚言果不無所失，而渠要愚使之更言，將不免復有一疏以示摧謝之意，而兼有欲勉戒者耳。其答書依教付上，覽還如何？瑗再明當作省墓之行，號隕益復罔極。此歲只有數日，惟冀侍下學履履端增休。不宣。

## 答金文甫【戊戌】

向承覆書，適値擾甚，不免虛送來价，旋欲專伻修敬，而仍又往返墓廬，其間闕然，罪悚恒切。

今則歲已新矣。伏惟侍候學履益膺多祉。瑗罪逆不滅，奄已再易歲矣。孺慕靡逮之慟，穹壤罔極，而瞻掃塋壟，昨已還廬，痛毒寃酷，五情糜潰。

前所陳書，大抵皆愚之所自訟於高明。誠未必切當，而意或有一二近似者，故輒以爲獻，冀有少助矣，何意過賜聽察？

凡其所言，無不採納，而至於“持敬”一說，特蒙提出反復獎勉，苟非足下之明，因其未達之辭而得其未盡之意者，其誰能及此乎？矧玆自畫之戒，尤爲明切，正中怠惰退托者之病，誠可謂至論矣。瑗之不敏，固不足以稱塞盛眷，亦何敢不銘骨而自勉乎？

噫！。朋友切偲之義絶已久矣，今高明乃以此自任，誠心勉誨，愈往愈切，誰云古道之不復見于今也？但高明令瑗勿復以“學”字相加，愚竊惑焉。夫人之所以爲人者，只此一字。愚雖不能，乃其所聞則亦只此一字，今使愚無言則已，如其有言乎，則其所以勉於高明者，雖欲舍此一字，何可得也？以高明撝謙之德，固宜不欲以此自居，亦安得不以此自勉乎？

高明以誦讀之不勤，謂不敢望學問。前此承教及此者屢，而愚輒以“持敬收心”之說仰告，旣已在所察納矣，則今盛諭又若是者何也？

夫踐履講學，固不可偏廢。然以夫子之言觀之，“入孝、出弟、謹信、親仁”爲弟子之職，　而至於“學文”則乃其餘事耳，此其本末先後可見矣。而孟子謂“學問之道，在求其放心”，朱子論《大學》之序，而以“敬”爲主，則此豈專在文字誦說之間哉？蓋亦反其本而已。

誠能先立其本，則雖讀得一字一語，莫非吾之所有，其與徧誦千百卷而無實踐之功者，奚可同日論哉？況高明講習之不勤，蓋以病憂之撓，而今旣除祛矣，又何不及時而孳孳乎?

瑗之所言，皆其所不能，誠有背於夫子訥言之訓，而旣高明之拳拳然不我棄，則愚獨何敢負高明哉? 惟高明察焉。君素許所勉戒者，蓋亦愚之所欲學而未能者，必當默會矣。《小學》近果兼看，則意味必加勝於前日。

未聞爲鬱。來書又不無可商處，而非甚關緊，且急於報謝，强僨略草，不盡所懷。

## 與金文甫

數日寒甚，不審侍履何如? 一念瞻嚮之至。《孟子》明誠章義，春間所辨，幾乎瀾漫，而獨其一端議論尙未相入，頃奉面誨，扳援上下，傾竭底蘊。雖以迷劣，能不感激? 顧其茅塞，終未開悟，此固愚弟之罪，而亦恐高明所以敎人者，有未盡善。故不得不更申前說，以求可否之決。蓋雲梯九攻之技，已殫於燭下一場之話，則今雖極言竭論，固亦不外此。然著之筆札，非若一時說過，倘高明於此虛心易氣，反覆觀覽，則其必有幡然大覺、犂然深契者矣。惟高明留意焉。

蓋高明之論曰:“誠身爲齊家、治國、平天下之本，此身旣誠則推之於家、國、天下，無所不可。”惟愚之言亦無異於此，則宜若脗然而相合也。然而高明則以爲誠身之後，更無工夫，此其牴牾不啻矛盾。愚誠蒙昧，初甚疑惑，莫曉其所以也，前夕承誨以來，始悉高明指意所在，而兩家同異，有可以言者矣。蓋愚則以爲誠身爲本，而齊家、治平對誠身爲末，高明則以爲誠身爲本，而齊家、治平皆在誠身中，此其所以不同也。

夫誠之爲道固大矣。然其曰誠身則只是誠其一身而已，至於家、國、天下之大，又何可盡該於其中耶？且既有本，必有末。今既以誠身爲本，則天下、國、家自當爲其末。此正所謂“內外相對”者。故既先其本，而又必治其末焉。今高明必欲使家、國、天下混入於誠身之中，而以爲此身一誠則更無著力處，此則有本而無末也。豈有是理哉？

夫《大學》之“明明德”卽誠身地位，“新民”卽齊家、治平之綱領，則此其本末工夫，不可闕一，而八條目之“修身”卽誠身之事，而“齊家”、“治平”節節工夫又在其後。若如高論則《大學》初不曰“新民”，亦不必曰“齊家”、“治平”，而只言“明德”、“修身”，而亦自無所不備矣。如許義理，雖尋常之人，猶知不可，況以高明豈有蔽於此哉？愚竊惑焉。

然嘗妄揣高明之意，但見天下、國、家本乎一身，誠之爲道，貫乎萬物，故認誠身爲究竟事業，沒却齊家、治平許多工夫，而殊不知天下、國、家非一身之所可兼，而誠身二字不足以盡誠字之大也。此恐其大有違於聖賢之旨，而曩愚所白近於佛、老云者，亦非過言也。

先儒之說，於誠身之後，復有所謂推之之事，此正是工夫，而高明乃以“推”字爲功效。夫推字有所爲，而效者乃其驗。推在我效在彼，則今將以推之者爲工夫乎？抑以爲功效乎？此等字義本不難知，高明豈不能識？但以所見一差，到底窒蔽如此。且合下看得“工夫”二字太淺，只將初頭學習者當之，而殊不知推行充廣亦莫非工夫，似此見解却恐鹵莽之甚也。

高明輒曰“人苟誠其身，未有不能齊家、治平者，則此豈非誠身之後，更無工夫之明驗?”云。此實有不然者。人雖已誠其身，又不可專無所用力，以俟其自治、自平也。但推而行之，則自無所不利耳。且物格知至則踐而行之，固無所難者，而亦豈是都無工夫，而俟其意自誠、心自正哉?其所以推之踐之者，正是工夫，而今若以推行而無不利者，謂非工夫，則知至以後誠意、正心之事，亦不得爲工夫矣，此果近於理乎?

且高明輒曰“若孟子乃誠其身者也。使其得志行道，則其於治國、平天下，何待別討工夫耶?”云。此固然矣。然孟子所以爲命世亞聖者，正以其一生工夫，不但在於誠身，而凡於齊家、治平之道，無所不用心。故雖未嘗施爲，而其可以施者，固未嘗不在我也。若使孟子兀然徒欲誠其身，而不復用心於齊家、治平之事，則正是佛、老之學，雖令得志當世，亦無可行之道矣。此恐說不成也。

高明每以《集註》游氏語、《小註》饒氏說，爲已說之證，此亦有未然者。游氏此語但以其應驗處言耳，非謂此外更無工夫也。孟子有曰“爲政不難，不得罪於巨室”云，而極言其效，至於“沛然德教，溢乎四海”，此亦以其應驗處言之，故其言如此。若如高論則爲政之道，但不得罪於巨室，而更無所事，亦足以致堯、舜之治矣，豈不謬哉?且饒氏說，間有未瑩，恐不足取也。

蓋愚與高明所爭同異之分，雖似不甚相遠，而其言之參商，至於如此，此正古人所謂“毫釐之差，千里之謬”者。惟當汲汲於同歸而不可緩，故輒敢張皇辭說，未暇裁擇，其僭越不遜之罪，固在高明諒而恕之。若其鐫砭謬妄、啓發愚蒙，亦願高明加惠焉。伏惟高明下察。

## 與金文甫

夜來侍履，伏惟萬吉。弟慈瘠向瘳，而猶未遄復，憂悶不解。才經亡婦練事，由今撫往，感晝惟新。昨覆忙未能詳，不勝悃愊，輒復仰宣。

竊惟講義說理，每患多歧。始離終合尤是難事，此自古昔已然矣。今吾輩雖在幼學，所爭雖曰“文義”，若其議論所到，駸駸乎道學綱領，而兩家於此已各有一副定見，反覆辨難，不能相下。言亦盡矣，意已竭矣，而猶落落如燕、越，則豈可復以頰舌文字，遽求其泯然而歸一哉？而愚乃不自揣量，張皇書牘，質言可否，意雖切於忠告，咎則深於僭妄。

昨奉盛教，旣已大覺於昨非，而有取於一得，斯乃古人所難，而高明則易爲之，雖以愚素服高明之深，亦不意其幡然之悟若是其迅也。愚實喜高明之能有是，而亦自幸得與高明周旋，遂將勸於爲善，而卽區區坐井之觀，亦可保其無甚差謬矣。

然一例贊嘆，無補高明，今姑舍是，請進一說爲高明助焉。夫改過雖善，莫如無過。若高明凡於看書講理，沈潛研究，弗得弗措，必使所見明白堅確，移易不得，然後發之於講論言語，則沛然有餘地，而無窘遁牽强之患矣。不如是則雖有頻復之美，恐不免爲迷復之歸矣。

且所謂“舍己從人”者，非苟然而同也。必其眞有見乎人我是非得失之間，故不信己而信人如此。若徒以彷彿疑似之際，遽定其是非，則人將有不可勝從，己將有不可勝舍者矣。

今日是非固已涇渭于盛心，而第未知其於毫芒之分，眞有以見其不可亂而不可易者耶？凡此固不足爲高明慮，而私心過憂，不免覼縷，想亦察其愚也。

至於講討質問，正是初學之急務，如向來爭論，亦未必無補於彼此，而高明遂欲因此閉口，不復講說，此殆甚於一噎而廢食者矣。若或有主張夸耀、務勝徇外之意，則其爲自欺欺人，誠如來敎耳。

《朱子學的》弟欲一見，如在案上，可蒙借示耶？素友葬事其已克完否？未聞，不勝悲惋。

## 與金伯春

即日侍履何如？所做復何工夫？瞻菀之至。從近復讀《大學》至中半，意見稍長，而終只是讀得空殼子，亦奚以爲？然區區之愚，誠不忍自棄，竊欲修弟子之職，漸進乎大者，而顧以懦惰終不能自立，提撕誘掖之惠，深所望於諸君子矣。不幸君素之死，而奪吾左右手焉，痛悼之懷，罙久罙深。

此友高才遠志，可以有爲，而卒未及焉者，固二三同志之所共惜，而吾獨爲其剛銳之質、邁往之氣，於吾懦惰則必將爲扶蓬之麻，而今失之也，故不能不深悲永嘆自傷其畸窮也。願吾弟其亦憐此，而時時警責，有以救藥之也。

仍念吾弟有造道之資、受道之器，而弓箕舊業，復有所承焉，則其責亦重矣。未知吾弟所自視、自期者如何，而以他人觀之則不過世俗之佳士耳。是豈其闇然之修，實有人不及知者而然耶？吾弟於此宜有以自省而自勉也。

噫！吾輩年齡固不甚壯，而其於大學始教之歲，亦已多有，而僕尤過時矣。苟其安卑汚、樂飽煖，不復求有所爲則亦已矣，如其不然，正所謂“七年之病，三年之艾”，宜不可玩愒而遷延也。況玆歲已窮，三陽載回，此正志士惜陰之辰、天道復元之時也？

私心感厲，自不能已，願與吾弟及此會而共勉焉。良友棄我，歲月欺人，踽凉摧頹，將日益甚。此僕所以傷嘆怵惕，而望吾弟愈切者也。如不遐棄，乞有以指導之也。惟吾弟亦宜自謀，上以承家世詩禮之傳，下以爲朋友相觀之助，幸甚幸甚。

相晤日久，愚誠妄攄，不得不以筆札仰宣。惟恐近於張皇，亦在諒而恕焉。

## 與金伯春

嚮復，可見自剋之切、自期之殷，欽仰亡已。然於愚陋無少警誨，實非所以求助之意，殊以缺望。豈吾弟方急於自治，而未暇爲人謀耶？不然何其泛也？告及亡友語，奬詡太過，非所敢當，然亦可悲矣。若其平日自勉勵之深，卽此語亦可知，歎惜愈切。

春初與僕語亦如此。僕答謂“但欲有小善而無大過，則志旣不高，行愈不逮，善未必能有，過未必盡無”云，亡友深以爲然。今伯春之志，若只如斯而已，則殊非志伊尹學顔淵之道，此便是苟且退托之根，不可不慮也。若又徒有其志，而無學以繼之，則於善惡之際，必不能明辨，或將淪陷，至於天理滅而人慾肆。君子惟是之懼，故所以學、問、思、辨，孜孜而不已者也。惟吾弟之更加意焉。如余委靡搖漾志無底定者，正亦祟於苟且退托之意，恐終不免爲下等人也。切望伯春於自勉之餘，復有以規戒之，更毋忽也。

僕逢此歲盡，將往墓下，感痛思慕，昊天罔極。餘冀新年侍學增祉。不宣。

## 答元華伯【壬寅】

向見來書，警懼之意，比前加深，深喜深喜。近來思之，吾輩本心尙搖漾靡定，則從前所謂“勵志飭行”者，皆黑中之白，所謂“切磨箴規”者，皆皮毛之外，所謂“美質良心”，皆將至於梏滅，而所謂“謨王佐國之志”，皆虛妄之甚也。此皆由於一誠字不足耳。

夫心有邪念，不能割斷，非誠也。幽獨之中，一有苟且，非誠也。爲善而求人知，非誠也。凡事求勝於人，非誠也。心知其是非而不卽取舍，非誠也。其略如此，此外又不能盡擧矣。吾雖自謂無大奸慝，默思身心之所存、家間之所行，其犯此者甚多。豈必邪侫姦詐而後，謂不誠哉？

竊意吾兄亦不能脫然於此等，其已照檢到此否？然人孰不欲誠其心？而有不能焉者，氣質之病害之也。怠惰而無振作，疎闊而不點檢，乃弟痼疾，固不特未堅而已。而若吾兄亦習氣過於浮騰，志意涉於夸張，所云“未定”者，亦未必盡之也。則其於物欲之來，弟則沈汨而不返，兄則糾亂而莫斷，宜其有向前不誠之患也。

故欲誠，其心在乎遏制私欲，而其下手處惟在察氣質之病而矯治之也。吾輩資質固不無好處，而不好處亦多，苟不革去，而使之浸浸然長，則其好處豈有存者乎？如是則君子果可爲而小人果必免乎？

後世學者之弊，弟與吾兄固所深疾，然高談峻論亦恐躬不能免也。吾輩平生所標置言論，其實不能盡副焉，則豈不可愧？自今宜以俛首篤行，爲第一義也。專治心性，自是陸、王之學，何得以吾輩未堅、未定而姑從事於是哉？凡事未有不知而能行者，知解工夫，豈可廢哉？

但其曰知曰行，必須收拾心志，以爲本領，方不爲虛僞，吾輩工夫最急者此也。若五倫·五常之大、日用應接之務，本之天則而施諸人事者，不可不深思熟究而求合乎義理，此顧可緩乎？

意古聖賢格致之學，其肯綮則不出於此，不當便先求諸鬼神之幽、草木之微也。讀經書者固欲知之，知之欲以行之也。今夫非禮勿動、忠信篤敬，其義理非難知也，而行之者顧鮮，豈皆經學不明之罪乎？弟故謂"眞知識實體認不專在箋註論說之間也"。古之經學罕傳，而實行多可觀，今之經學愈盛，而實行漸無聞，有志爲己之學者，宜知所以折衷矣。吾輩則於經書太鹵莽，固宜以此留心加工，收拾心志，尋求道理，日用彝倫之間，不違於天則，無愧于吾心而已。若名爲學問，以自欺而欺人則決不敢爲也。

噫！區區吾輩片善寸長，豈足自恃乎？"克念作聖，罔念作狂"，聖言豈欺我哉？吾輩宜有以痛加惕厲也。"躬自厚而薄責於人"，非獨爲遠怨也。自修旣切則其心自不得不如此。此言最切於吾輩，而吾兄乃提及之幸矣。

**答元華伯**【己酉】

頃日仰勉寥寥一二語，而乃辱手敎，累紙懇惓，極慰此懷。足下之心，弟豈不知？然古人隱居以求志，就令不用於世，其具未嘗不素蓄。今自以不用於世，而便欲作一詩人而已，則非弟所聞也。況出處行止有義命存，言豈可若是其幾也？

且弟之戒詩，非欲其絶口不吟。苟吾專精篤實之工，有爲主宰，則雖以吟嘯盃酌間舒暢之，亦何妨也？弟前日於詩酒固不無濫汰，而聞諸公之言，亦深警省矣。但非必不進一勺、不吟一句，苟不以此費日役心則可矣。足下之細書古詩於便面，日夜吟誦，固亦可謂役心費日，此弟所以有言也。

且君子之心坦蕩安和，固不以先天下之憂，妨吾方寸之至樂。今以山巓水涯之身，而不能忘憂時慨世、感憤不平之意，必自附於《九辯》、《五噫》者流，不亦太勞攘乎哉？

足下之戒，其意至勤，豈不感荷？區區出處亦有熟講於中者，但今妄言獲罪，罪名甚重，出處進退非今日可論，而縷縷相勉，其爲終身警惕之助大矣。豈敢忽也？豈敢忽也？

江西兄之逝，慘怛何忍言？姑母情理實無涯極，莫知所慰。此情想無異同也。

## 與南德哉【丁未】

德哉足下昨投詩序，揚扢風雅、抒寫情興盡矣。山亭一遊，遂將爲難朽之勝，喜甚喜甚。

且吾曹酒後言詩，雖未必如波斯之等寶。然其“曰大家者，固東方之大家,”；“曰名家者，亦東方之名家也”。若正宗者，統詩道而言也。非高古純雅不雜伯道者，不能居此，向所議陶隱、龜峰亦庶幾之云耳。如無其人，虛位以俟可乎！然論古人易，而自知實難。吾曹雖抵掌高論，及其自運，於正宗於大家決不及矣，由是言之，雖廢而不作可也。

如詞曲之作，固亦一時游戲，而人或謂詞所以叶樂譜也，東人不能知，使知而作之，亦無用也。吾謂不惟詞也，古人之詩，無非可以被管絃者，樂府古矣，如陽關之曲、旗亭之唱，皆唐人絶句，而律調、聲響亦皆有宮商、清濁之別。

今吾東人之律絶，亦能別宮商之聲，而可被諸絃管耶？其不知而無用一也，而於律絶爲之不已，於詞曲則不敢爲者，耳目不習故也。況其長短、平仄、律令井然？

因是而究之，固無不可通者，而吾獨愛其長言短句曲折往復，而情眞意切有寫到骨髓者，此自是一種風味也。然吾曹以詩家正宗，讓作虛位，而獨惓惓於宋、元之艶語，殆非所以自强也。此意亦不可忘如何？

日者又枉小札，而適小出未復，今始還納詩卷，恕之。伯氏亦入城否？同覽爲望。

## 與南德哉【己未】

前月送詩有小牘，久未承答音，令人悁悁。園庭已有凉氣，想峽中秋候更早，傲吏淸興近復如何？

十九日文遠與舍仲、季及廣文三兄弟作遊鷗湖，以書見速，弟亦乘夕往會，待月揚帆。是夜月甚明，遂達曙不得眠，酒半，詠《蒹葭白露》之詩，懷吾德哉也。翌日又上鷗亭，雲日淸麗，忽作雨意，大注俄頃，又壯觀也。有詩各數篇，後使當錄去，德哉聞之，亦必爽然矣。

來月弟欲一馬入峽，要宜叔以前約，宜叔以當往新昌，欲候中秋後作行計。兄歸期似在九月初，遊事恐未甚暢。然及二十日間入峽，則雖兄有忌故，亦可作六七日飮矣。但宜叔甚懶，必有以督成之也。

兄雖在遠，文遠却能替之。詩雖不及兄，江山之興更過之，且其近作甚進，兄必有阿蒙之嘆矣。不宣。

### 答南德哉【庚申】

弟不幸遭季嫂之夭，侍下情境多慘切者，何忍言哉？頃蒙手書慰問，感荷實深，而疾病悲憂，久廢人事，至今未有報也，悵歎悵歎。

已有凉氣，仰惟爲政益淸暇。弟碌碌無可言。向來文字嘵嘵之言，不才竊位，實負大罪，何敢辭乎？

近與宜叔有數篇唱和，玆竝寄去，聊欲吾兄知此中意況耳，乞評敎兼賜和也。不宣。

### 寄二弟【癸丑】

一辭親闈，冬盡春半，此心何可言也？別後無信音亦恰滿三朔，伏未審母主氣候諸節若何？汝輩侍側讀書亦勤而安否？

吾十二月廿七抵北京，竣事無他端。今望日復路，昨宿三和縣，眠食幸安健，而每念慈闈不聞此消息，必深惟疾之憂，以此成憂，不知身之安。況京國消息邈若隔世？將歸益切憂慮奈何？

汝謙氏尙留其處，而舊病快愈否？思念無已。其間所讀幾何卷，而自覺有進益否？未聞爲鬱。

吾在燕讀《易》幾盡《上經》，而詩則專未作，偶有次汝輩詩，玆寄去矣。汝輩各添一齒，學業太踈。歲月如流，甚可畏也。勉之，須惜分陰。吾於靜處館中時，自思從前詩酒漫浪，徒費日月。到今年近四十，了無所成，可悔可恨，莫甚於此。汝輩宜深戒也。

### 寄二弟【甲寅】

別意至今耿耿，不審侍奉餘眠食安否？伯衡之病，亦有差勢否？念念不能忘。此行廿二到寒碧，與德哉諸益溯舟于龜島之上，三日而歸。雲日陰晴，春物早晩，適與意會，遊賞之適，前未之有。甚思汝輩而亦無奈矣。歸時欲留驪上數日，因參十一日忌祀而去，還期當在望前矣。南女之病，近益差可否？潛甫近又何如？餘忙只此。

### 寄諸弟【乙卯】

別懷耿耿不能忘。 此行非人使之也。 吾自辭家遠邁， 秋候早晩、江山意況可謂時哉， 而一念猶憧憧如此， 始知古人必欲盡室於鹿門， 浮家於苕、霅者。 必如是而後方脫灑無繫著耳。

今日宿黃江， 而忽聞南兄凶音， 慘怛何忍言？ 雖知病恙深重， 豈謂遽然至斯？ 始欲留止丹、淸間， 縱覽龜島秋事矣， 得此報， 無意遊賞， 只得趲程前去。

再明當踰竹嶺， 而眠食俱穩， 須以此細白慈闈， 以寬俯念也。南丈之行， 明當發寒碧云， 此亦左於始計矣。憑此暫草。所望日親簡編， 毋失寸陰。切念切念。仲之齒痛已快愈否？ 念念。

### 與諸弟【庚申】

前書想已見之。昨今風日恬暢， 不至妨病， 且喜楓葉正鮮、月魄漸生。 數日養疾， 雖非久計， 特此閒靜， 眞是日長如年， 且一日自有一日之樂， 何必筭定百年然後爲快？ 彼玄眞、天隨輩終老於菰蘆間者， 豈至今在苕溪、笠澤耶？

湖堂吏告歸， 漫報此趣。來此見湖山平曠， 視歸川， 却有遠意也。

## 答諸弟

今日是重九，江村萸菊便有異鄕之懷。書至慰甚。仍思前年倚洛山臨滄海，觀出日于扶桑，又令人坐馳也。眼中湖山亦足以供眺望。病未辦登高，只簾閣抱書而臥耳。每夜江月滿戶，嗚槳與潮上下，而漁歌間作，欹枕聽之，可以忘疾。如有能一馬來宿者，尤可喜也。不具。

## 上陶菴【癸丑】

春氣舒煦，靜中體候，伏惟萬福。姪驅馳之餘，歸侍粗安，而從弟痰火之病，半年沉劇，煎念何可喩？近日族弟瑋來共處，聞其覿德臯比之座，非一二遭，得所宗依，深爲渠喜也。其才質殊可教，若蒙陶鎔之惠，卒俾成器，何幸如之？

祖考詩文在箱篋者若干卷。祖考素執冲約，不以文詞自喜，遺集之不卽刊行，蓋亦以此，而顧世變益劇，人事不可知，百世之下，有慕祖考餘烈而欲彷想於咳唾之遺者，旣散落泯滅而無從以求，則安知不爲後人恨也？

先親晩年，嘗欲從簡登梓，分藏親戚家以壽其傳，手自刪定，未竟而人事遽變。不肖未死，私欲卒成遺志，遵依昔日所商量者，編爲五卷，將付之剞劂氏。

區區於此，竊有欲仰懇者，事宜躬進拜乞，不敢先諸書幅。然斯役不可不聞諸侍人，故輒此陳達。仲父墓石尙未刻，先人亦嘗手草行狀，且曰："先兄潛德自晦，未嘗求知，身後之圖，豈宜屬諸所不知之人乎?"仍字執事曰："有某兄在，必能闡揚，傳信無疑也。"從弟遵承此旨，久欲身造仰請，而顧因循未及。渠今病久心弱，每道此事，其言悲苦不忍聞。渠方專書以懇於侍者，固知少壯一疾，未必至如渠所慮，而姪誠憫其疚思耿結，傷病中之心緒，玆敢畢布下悰，仰瀆崇聽。伏乞追亡念存，遄賜嘉惠，有以賁泉塗而慰病心。不勝顒企。

## 與南公弼【甲寅】

頃書至今披慰。求益之意，豈不欲報? 但所謂"學"者，若古聖賢之學則非僕所敢及，不敢外爲妄言，如以詞章之學乎，則僕亦嘗染指焉，而今則半途而廢矣。僕雖不才，亦知此之爲小技，而不足拳拳也。設有所得，無足相告語引掖者，況未必有得乎?

然天下百事，莫不有本末、名實之分，詞章雖小技，誠爲之不可苟也。以古人之心，求古人之道，而積于中，發于外，斯其本實而末與名隨之矣。不得于心，不求諸道，而徒習句字辭令之餘，欲以學古人，是無本無實，而末與名亦無所傳，此不可不察也。

且科擧固非古人出處正法，而程、朱以下諸賢所不免也。先賢之所戒，正在奪志，而未嘗必禁之也。親意所願欲，苟非義也，固當婉辭屢請，得請而已也。此則終未見其爲不義，則已雖有志不可直遂，惟當仰遵指教，此亦學古人之事也。科擧之作，亦不可專廢也。此方狼狽末路，誠不爲元直求一名之榮，而在君之道則亦有不可不念者，故因示及之。盛作略加評點以還。不具。

## 與李宜叔【丁巳】

駒城別意，至今不能忘情，豈吾輩不識道耶？入峽消息槩聞之。山村水雪中，閉戶讀書，固人生至樂，兄何得獨餉？深羡深羡。虎憂果何如，而草竊終無慮否？聞舍弟言，兄以今年酬唱太多，欲姑已之。此意政不可無。然顧今落落，可謂否甚，縱有孤吟相寄，何至泰乎？離索正須此藉存，幸毋執也。

弟旬前入城，侍奉幸粗安，惟是素苦痰疾今冬益劇，歲前恐難窺戶外，殆類子瞻天慶觀調度、目病得之，亦自不妨耶？

伯尹想頻見不落莫，渠今作何工夫耶？聞兄與華伯臨別，太費爭難，責善貴偲切，不須如是。自今願戒之。

德哉、大卿尙未穩叙，緣弟病未出。雖鬱悒亦奈何？自明日欲呈告，未知果能速解否也。《華山詩》必速就見示。弟亦方搆拙耳。兄之今行，固不過數月計，而靜居親經史，養心養氣之工，視京華膠擾中，奚但一日勝兩日也？弟所望於兄甚切，兄亦必諒之。然其符驗可尋者，亦惟在矯氣質之偏處，亦何待弟之歷指也？此非過去之言也。餘不宣。

### 答李宜叔【庚申】

便中拜辱教，甚慰耿想。此來簿書不繁，近得華伯留一句許。雖練武之役頗劇，亦於公餘時有唱酬，今將別去可嘆。

政此春夏之交，海山雲物殊悅人目。再明將有巡海之行，觀覽當益富，但每到勝處，不能不思吾兄快筆耳。不宣。

# 墓誌銘

## **本生考自述墓誌後記**【乙巳】

嗚呼天乎！瑗本生先君捐背之第三日，從子璿等得一紙枕篋中，封識甚固，卽先君所自銘也。先君素無疾，是年春始視𪮷，至夏而疾作，蓋先君則若有前知者，爲此文藏之。雖子姪不使見也，瑗乃奉以號擗，示諸親戚父執，謀以掩之幽焉。

嗚呼天乎！月谷之塋，卽先淑人金氏、鄭氏之墓在焉，而瑗顧嘗記先君教曰："形家之說，吾所不崇，而乃母之塋，於凡眼不宜，非但術人言也。汝如得善地而遷者，吾不汝禁也。"

逮大故則瑗乃咨于術人，擇地于龍仁治南駒興里坐艮之原，値月谷四十里。遂以十一月十六日永窆，而明年乙巳十月十五日，又奉先淑人金氏祔于其左同墳，先淑人鄭氏墓于其前少右而異封焉。

嗚呼天乎！始先君之柩，書曰"工曹正郎吳公"，從其秩也。先君嘗以戶曹佐郎拜是職，未幾而還戶曹，而今銘內闕不記焉。

嗚呼天乎！先君平生言行，瑗不肖得之晨昏而藏之心者多矣。惟其自知之審，故於斯銘不愧，自謙之篤，故匿斯銘可盡，知先君者，固宜知之。痛隕迷荒，不暇他及。謹命工人書之磁片函而納之壙前。

嗚呼天乎！先淑人金氏舊有農巖先生之銘，今幷置函中云。崇禎甲申後八十二年乙巳十月日，不肖子瑗血泣謹識。

## 本生妣東萊鄭氏墓誌後記

嗚呼！此我本生先考工曹正郎府君所述繼配淑人鄭氏墓銘也。銘成十七年而府君奄棄不肖，新卜龍仁治南駒興里坐艮之原永窆焉，明年乙巳十月十五日，又自月谷奉淑人柩，遷于府君墓前少右而異塚焉，亦艮坐也。

嗚呼！琬既長出爲伯父後，纔年十九夭死無子，淑人血屬於是絶矣。府君之銘庶食其報者爽矣。天道尙忍言哉！不肖瑗卽琬之兄，而元配金氏出也。弟瓘、瓚繼配徐氏出也。瑗、瓚亦出繼諸父，瓘實奉府君、淑人祀云。不肖瑗泣血附記舊銘之下，敬納諸新壙。時乙巳十月日。

## 黃汝鳴墓誌銘【幷序○己酉】

同知中樞府事尙州黃公宗瑞有賢子曰鍾，字汝鳴。不幸早死，葬龍仁文秀山先兆枕坎原。距其生崇禎後丙子，僅廿九年，嗚呼短哉！

君祖考府使贈參判諱埏，吾先君外祖也。君生四歲而失母，先考海昌府君取育而敎之。余一家兄弟從先君學者六七人，其人皆童子，喜喧競，君能溫謹自持，雖有犯不輒校也。

課學之暇，群聚狎遊，未嘗不驩然樂，而君時獨悄愴向隅，往往忘食。余間從叩之，君曰"吾離親久也"。君母忌在五月，臨是日輒顧望鄕廬，飮泣思慕，不隨衆嬉笑。

君有一姊，嫁歸于鄕，君往與別，返而泣不能寐。余寬止之，君愈泣曰："骨肉分割不忍也。"時余與君皆幼穉，其尋常覩記如此，今而思之，見其溫恭孝友，自天性也。

其後諸同學者多散歸，獨君終始與余處十餘年。於是君行日進，余亦稍省事，始知君資質履行爲不可及，而心期相契益深。

君性雅潔，於嗜慾甚淡。幼猶介狹，及長力爲沉靜寬緩，罕言笑。向學甚勤，爲文多新警，尤薄於世味，每與余相謂："安得於丘墓不遠地，占一林泉，與子卜鄰，五里或十里而近，杖屨相逐以老也？"蓋其相期於白首如此。

丙申先君捐館舍，君守余苫廬不去，如先君在時。余旣去憂，而君病羸歸鄕舍。甲辰春，余再往視君疾，君亦自知病殆，而猶强收攝，務慰中樞公心，余竊傷君之孝心至死未已也。

君竟以其年四月二十九日死，中樞公爲余具言君事親："家至貧而竭力於甘旨，承顔悅志靡不適。至伺其登厠，躬操溷具，不令人代之。敎同氣竭其心，待家衆仁而有制。"

且曰："吾老而忘吾家，以此子也，天今喪吾夫！"

嗚呼！以余知君，固無待於中樞公之言。然君其所謂"得乎親"而"信乎友"者歟！余不肖多從當世君子遊，其才志奇傑豈無人，而若其潔清純靜如汝鳴者蓋鮮。君資地無足動人，又性謙退，世莫知其名行，而年又甚短，嗚呼！此豈天道也？

君高祖諱佑漢，大司憲，曾祖諱挺英，贈左承旨。母李氏彦功女，宗姓也。妻安東權氏進士必徵女。生男女各一，男名滰，今十三歲。余以中樞公請爲此銘，以質諸幽，以俟于後。余與汝鳴所相期者，其止斯乎？嗚呼！銘曰：

鮐黃匪年，吾獨全吾天。
名聞匪榮，吾不辱吾親。
猶有嗣息，其慶必食。

## 四姑淑人墓誌銘【幷序○甲寅】

祖考忠貞公有子女十人，而黃夫人閫範齊肅。吾諸姑之歸皆世鉅族，而其父母、宗黨皆稱其能婦，謂"忠貞公之家法與黃夫人之教，於斯可徵"云。

淑人祖考第四女。幼寬裕莊重，其嬉戲不出組紃、籩豆，姊弟群遊，一於和順無忤，忠貞公鍾愛之。六歲公奉使燕中，思慕成疾，比公歸乃可。

十六歸于安東金公令行，爲觀察使諱時傑之冢婦。是歲肅宗己巳，忠貞公爲國母立慬，臨終屬金公曰：“此吾所嬌女，幸卒善視之。”淑人痛寃甚，欲自裁，賴人守之得無事，貶衣儉飾，沒身持慟。

閔、金二夫人，忠貞公前配也。每値其忌日，號泣哀戚，一如爲黃夫人，瑗幼時覸之，不知淑人之爲非夫人出也。嘗病，以閔夫人忌，蔬食累日。諸子止之，責曰：“子之於母，其何間焉？吾伯兄以孝死於金夫人憂，汝曹不知耶？”

瑗不天，諸父相繼早世，其疾病救護死喪之哀，傍人爲之感動。撫瑗諸兄弟，均於己子，痛宗姪殀無主祀者，每家廟有事，潔具助祀惟謹。至沒而視其藏，猶有手封庶品以待需者。嗚呼！其孝心之不匱也。自吾家以忠孝傳其世，而金公又忠臣仙源先生諱尙容五世孫、孝子諱盛遇之孫。族榮而盛，人之望淑人故重，而爲婦於其門亦難矣。

淑人愉婉小心以適舅姑，觀察公亟稱其孝婦。昧爽侍姑沈夫人側，候其寢乃退，而其瀡瀡以佐甘旨。紡絍澣濯以衣夫子，不爲貧或缺，其操作辛勤，又不令姑知也。

觀察公病革，藥餌食物，淑人必親爲之。時盛暑，身不離鑪火，日易服四五，而汗浹衣盡腐。

沈夫人既寡，家益落，二女未嫁。淑人以身拮据，晝夜執針紉不輟，夫人感其至誠曰：“微此婦，我家何賴焉？”

沈夫人之喪，舉家遘癘，親戚皆畏避，淑人獨身辦大事，皆及時無遺憾，宗族咸驚嘆曰：“非獨其孝，乃其才尤難也。”

承先祀致誠愨，雖有乏不形其憂，人問則曰：“以祭而憂，神肯安其享乎？”

金公有一弟，衣食必分之。其與姒妹洞然無彼我，和氣融浹，皆爲之心悅焉。然婦人之嫁，猶士之仕也，古人求忠臣必于孝子，以淑人之爲女，而其爲賢婦可知也。

淑人器度弘達，明於大義。謂金公寡合於世，諷其早謝學業。公嘗忤凶黨竄海上，夷然任命，無怨悔意。屢隨公莅郡邑，無絲鈔私用，內外斬然，請託莫敢干。察重囚負寃，勸公以平反，公敬信之，視益友。

敎子必本行誼，而毋汲汲於榮達。季子出繼族父，嘗勉以大經，俾專心所後。其戒子女曰：“親近巫覡必亡家，引接市井必辱身。”其有過，峻責不借，以及瑗輩亦然，子姪謹畏若嚴君，已則仁愛未嘗不藹然也。

馭婢使，先恩後威，米塩出入，惟持大體。嘗曰：“以察爲明則失婢僕心。失升合小，失人心大。”雖箠楚不苛，而家事以擧。

金公喜賓客，暇日觴詠，輒有咄嗟具，而客爲之變色。聞人有瘠，恤然若身蹈之，傾篋振施無吝色，姻黨莫不誦義。然淑人謙愼自牧，其所存人不盡知也。

淑人從公之榮川郡，癸丑三月九日卒。顧言不及私，但曰：“歲饑民且盡，吾何忍以死病民？喪祭宜私辦以儉，毋納民常賻也。”及喪歸，民皆夾路悲泣，嗚呼！此可以觀淑人矣。

用五月廿二日葬于衿川龜老里坐巳原，榮川公命瑗爲誌。瑗小子竊惟淑人之仁孝明達，佐君子以正，臨下有度，蓋有黃夫人遺範，而皆足爲閨門師。然非淑人天質之懿，豈能尙類若此哉？世無職彤史者，以瑗而誌其姑，疑乎私也。故謹書其質而信於人者，以見我姑之無忝所生，而能爲金氏婦云。

我吳譜海州，祖考諱斗寅，曾王考諱翻，觀察使。婦人有三男：履健生員；履選、履遠生員。四女適進士尹淡、李夏濟、李翼鎭，一未行。孫養淳、景淳、永淳伯出，魯淳、普淳、晉淳仲出，大淳季出。尹淡子得觀，李夏濟子址完，李翼鎭子潭。銘曰：

父母之喜，尊章之悅。
琴瑟其和，子姓成列。
人曰福哉，視德猶細。
六十非壽，胡不百歲？
煢煢者姪，失姑何依？
琢辭掩幽，淚以筆泚。

## 先考墓誌後記【丁巳】

我先考、先妣墓誌銘陶磁凡十片，旣成有年，而今始謹埋於墓前。

嗚呼！古之先王，作爲棺槨、塚墓之制，所以藏其親者，旣至厚至密而無餘憾矣。然而又有誌於幽壙，以擬他日陵谷之變，而猶或爲人見之而復掩之也。嗚呼！其心愈慽而其慮愈遠矣。

瑗既不克逮事先妣，而罪盈惡積，獲戾于天，俾我先考之積仁至行終不能延五十之壽，至痛憑心，無所告訴。雖欲竭力於終事，以贖其凶頑不孝之罪，亦何及之有哉？今納銘幽室，輒復抆血，謹書其下，所冀神祇佑仁，使我先考妣之衣履永寧于玆，而雖其不幸而使斯誌復出於土者，凡厥秉彝尙德之心，宜不間於世之近遠，其尙無以有子不孝而或傷其堂斧之封也。言至於此，終亦不忍詳也。嗚呼悲矣！

## 南吉哉墓誌

余友南吉哉幼以文詞有名，十八歲取進士遊大學，以名論重於士林。今上三年丁未及第乙科，爲史局郎，書《肅宗實錄》，尋以觸時相，謫配湖南之靈巖，未幾宥還。於是人皆謂"吉哉必將以文章直道，大振於世"，而吉哉以戊申三月八日戊午遇疾，卒于家，葬于楊州東海谷子坐原，其年僅三十三。士友聞者爲之出涕相吊也。

吉哉生而穎秀，始識字已能爲詩，多驚人語。其游戱必於文墨，詞藝日就，而先生長者見吉哉者，謂"其質溫和端良，可與適道"，不特以文詞見許也。

吉哉實有至性，自其髫齔，所以承事父母，誠盡而禮備，雖成人不能及也。早失母氏，終身爲孺子慕，語及之輒嗚咽，或靜夜思至，徹曉流涕不能寐。奉後母愛敬篤至，爲其妻誦"孝衰妻子"之語而申戒之。

父嘗病，三月不解帶，日不再食，齊沐爲文，涕泣而禱神，旣而果瘳。女弟抱痼疾，其起居飮食，必身爲左右之，俾忘其疾，女弟泣曰："誰謂吾無母？兄實吾母也。"

姑母寡而喪子，吉哉奉之如母，竭力經紀其家，姑甚感之。臨沒指其孫而泣，吉哉受而敎育視己子。及兒病，吉哉晝夜焦憂，爲廢寢食十餘日，其女子亦得疾濱死而不問也，其居家他所行，若是者甚衆不可記，而皆藹然發於誠心，非勉强以致也。

耿介少嗜慾，不喜交遊，守靜如處子。其在泮宫，嘗倡多士上章，爲沙溪金文元公、遂菴權公力辨誣詆，士論倚以爲重，吉哉顧不自喜。歸而與其弟德哉，日講習古書，間遊伽倻、雪嶽、白雲諸名山，吟嘯跌宕，曠然若不知世事者。

孝章世子行入學禮，而故事極選儒生之望爲將命者，衆謂"非吉哉莫當是選"，乃推吉哉爲將命。居數日遂擢第，朝野相賀得人，吉哉獨怵然以世路爲憂，而其志不在榮進也。

其仕史局，會朝廷有大黜陟。李光佐復入相而摠史事，吉哉卽日引去，遂下獄，衆皆爲吉哉懼。時吉哉實有母病，或勸以此爲對，吉哉曰："吾之不仕，不欲與彼同事也，吾豈可欺君哉？"遂直斥其負先王之罪。

旣謫去，惟以經籍自娛。與德哉書曰："韓子《潮州之表》固憊矣，坡公老益崛强，然其喜名節泰甚。其曰'九死蠻荒吾不恨，玆遊奇絶冠平生'者，曷嘗有惻怛不得已之意乎？

夫以名自喜，以罪爲幸，亦非吾志也。”其識度如此。

吉哉天資近道，動止有繩尺，雖喜飮酒，而不至於亂。酒酣取紙墨爲書，縱筆翩翩，風流融浹，見者無不愛慕也。內剛而辨，臨事取舍截然不苟。尤慷慨慕古人高節，其與一二朋友極論古今治亂，以及於君子出處之義，往往涕下沾襟也。

其自南還，屛居郊外，獨取朱子書，潛心玩繹，輒欣然曰“吾事在是矣”。嘗入嘉平山中，愛其幽深，蓋將靜處求志，以卒學聖人之道也。未幾而死，竟不及如其志。

吉哉以修史故，帶記事官，而未及隸四館也。其卒之年，孝章世子薨。後上聞吉哉死，惻然曰：“某爲春宮將命，數日而登第，予甚喜焉，今春宮之逝，又聞某已死，可傷也。”筵臣因言：“未分隸而死，應有追典。”遂贈弘文館副修撰，人尤悲之。

噫！今之世道隘矣，以吉哉之潔廉，雖未必展其才猷如衆人之所期者，使其退而讀書修身，以充其質行之美焉，是必將卓然有立，而其於振勵衰俗豈少補也？此余之所深悲，而世亦不能盡知也。

吉哉諱有常，其先宜寧人也。曾大父文憲公諱龍翼，吏曹判書典文衡，大父諱正重，慶尙道觀察使。父漢紀前任淸風府使，母靑松沈氏，通德郎漢章女也。吉哉娶延安李氏，判決事雨臣之女。有子三人：男公弼，爲余子壻；女長適德水李演；次適原城元仁孫。吉哉遺文數百篇號《太華子》者行於世，余旣序而論之，不復道也。

## 李士固墓誌銘【幷序】

士固諱思重，觀察使李公諱萬稷之冢孫也。李公治家以孝謹聞，而余與士固及其季父仲五遊甚驩，皆循循然恭於子弟之職，稱其家者也。

士固和易善談笑，風流澹蕩。其於親戚朋友誠意周洽，見一善，勸勉如不及，其有過則必廣譬徐喩以止之，其言皆婉而有味，以故從其遊者，無不傾心相悅，沒而無不追思者。

士固少甚穎銳，旣而更爲謙厚夷曠。務自晦不矜其有，而識慮通悟過人。讀書深求古人之指，尤好談史，鉤索幽微，多獨造之見。其縱言及於治亂興壞之故，往往激仰感慨而不已，已則頹然若不知者。

雖泛愛容衆，而臧否甚辨待之，不失其人。其與二三親朋燕語，輒以其才器短長爲之評品，各中其尺度，聽者皆欣然而服。間喜老氏書，謂："其寧靜玄澹，有可以取節者。"然考其日用常行，未始不遵蹈繩矩也。

嘗言："天下事一失其機，無可爲者。先之者躁，後之者懦，士當藏器而待時。如無其機，雖終身不出可也。"

於當世之務，深究其損益，所經畫於中者，井井皆有條貫，而未嘗輒以語人，人亦不能知也。然士固平居，料事成敗，鮮不中，而其所爲雖細事，必審其終始，而行之無滯礙，非苟爲空言也。

士固屢擧不利，己酉始選生員，久之補景寢郎，人皆恨其屈，而士固故夷然也。是年癸丑十月六日以疾沒，得年三十六。

士固嘗論當世人才，而喟然歎曰："世非無才，而顧不能用才也。雖有出人之才，不用何見焉?"噫！是其中猶有介然者歟！豈其志廣才長，而未能忘斯世者乎？士固之賢，而至老死不用於世，無是理也。使其終不用則猶將有任其咎者，今士固短命而死矣，吾於天何哉?

李氏系韓山，文靖公諱穡之後。觀察公之考諱泰淵，官亦觀察使。士固之父曰今尙州牧使秀輔，母漢陽趙氏，府使龜祥之女。妻恩津宋氏，府使相維之女。有子四人，男曰奎英、奎亮、奎正，女幼。

余少從遊士友間，士固不知余愚下，所以相期者特深，以余之懦而能有所興起者，士固之助也。士固旣死，而余又碌碌至今，嚮日之志氣亦且衰矣，嗚呼可悲也！士固之墓，在公州檜谷壬坐原。

仲五以牧使公命，屬余銘之。士固居家善行可書者甚多。然其宗族交友尙能誦道之，惟其懷抱材志而終不自見以死者，宜詳於余文也。銘曰:

才而自晦，亦有待也。
沒而遂藏，維永傷也。
其居逌然，其逝曠然。
有幽而章，我銘玄堂。

## 漢城左尹金公墓誌銘【幷序】

故漢城府左尹金公諱錫翼，字汝兩，明聖王后之弟，而淸風府院君忠翼公諱佑明之仲子也。家世以儒行、名德顯。至肅宗大王時，金氏爲外家，而公及其弟判書諱錫衍皆忠諒廉愼，爲上下所倚重，不專以肺腑恩進也。

公以崇禎乙酉生。二十三補氷庫別檢，移東宮洗馬，累陞侍直、副率、衛率、右水運判官，以司僕寺僉正兼內乘。

甲寅顯廟昇遐，丙辰明聖王后寢疾。時，公兄弟居忠翼公憂，肅宗特命釋衰侍藥，后疾瘳乃退。

丁巳服闋，拜掌隷院司議，間爲天安、通津縣監，復入爲掌樂院僉正。

公長身美髯，英朗善談論。每侍上禁中，上從容問古今治亂、國朝賢臣遺事，公反復開說，亹亹可聽。上輒留公竟日，驩燕如家人禮，然未嘗一言干以私也。

時上富於春秋，奸臣柄國，而逆宗柟結凶徒有陰謀，明聖王后深憂之。庚申夏，公之從父兄文忠公諱錫胄贊上，發柟等謀逆事，皆伏誅。於是文忠公以元勳定功次，而以公實有先機燭姦之功，將置公勳籍，公力辭乃已。出守朔寧郡。

是冬上復命加錄功臣，而公亦以別錄陞通政階。公聞之大駭曰："趙汝愚宋之疎宗，而尙不言功，吾以東朝至親，其敢貪天之功乎？"終身恥之。

辛酉移守加平郡，壬戌以僉知中樞府事，移敦寧府都正。

癸亥十月上患痘疹，命公兄弟入侍疾，及上平復，特陞公嘉善階，加賜田僮。十二月 明聖王后昇遐，公兄弟以上命與襲斂。

甲子特拜開城府留守，未赴而遞，同知敦寧府事，旣而特授漢城府右尹。

公乃上疏曰:“記昔庚申之初，殿下侍慈聖，親斷大事，朝野拭目，想望太平，此正人臣不思富貴，恢張公道之時，而一錄不已，至於再錄，臺諫一面爭執，殿下一面行賞，不論人器之稱否，必欲使之猝富貴，富貴在天，人主亦安能私之也？慈聖常戒臣以斂退，玉音今猶在耳。自古戚里貪戀不知退，而有不辱國喪身者乎？近日三司進言，事係勳戚，則殿下輒怒而折之，戚里冒進，而言者結舌，非國家之福也。”上優答之。公竟辭遞，以同知敦寧兼副摠管，秋特授揚戎使。乙丑又拜左尹。

公爲人淸介坦直，雖居富貴而泊然若寒士。喜飮酒，任情不拘，見人之貪競權利，若將浼然。雖當世要人，亦陽醉慢罵不少假，以故世亦多嫉之者。

上倚公且大用，而公益惴然憂畏，日夜縱酒，丙寅二月七日猝不起。訃聞，上大驚，下敎悼傷甚至，卽遣中人護喪，賜東園秘器，頒祿終三年，官庀窆具。葬于楊州金村甲向之原，從先兆也。

公系出淸風。上祖大猷，高麗侍中，其後有大司成諱湜，中廟時與趙文正光祖同罹士禍。其玄孫文貞公諱堉，佐孝廟爲賢相，是生忠翼公，出爲文貞從父弟贈領議政諱址之子。公妣德恩府夫人宋氏，府尹諱國澤之女也。

公內行甚篤，每晨必詣宗家謁先廟，退與諸弟終日同堂。平生不問產業，家無甔石之儲，而見窮乏者，爲之解衣脫驂無所惜。治郡主清淨安民，其爲將，寬簡得士卒心，沒而悲之如親戚。

夫人坡平尹氏，軍資監正悏之女，與公同年生，後公四十一年丁未五月廿三日卒。生二男俱夭，一女適府使洪重衍。公卒而上命以判書公子道泳爲公嗣，進士，贈吏曹判書，娶海平尹氏別檢夏明女。有二男一女：男長都事聖廈，出繼族父正郎道淵後，承文貞公祀；次兵曹判書聖應；女適奉事李壇。洪重衍有三女，適士人金省行、縣監李益焌、直長金致一。都事有一男二女：男最默；女適士人趙湛、韓民教。判書有二男三女：男時默，出繼從叔父聖集，承忠翼公祀；女適士人李憲鎭；餘幼。公側室四男，道晛、道仁、道伸護軍，道成武科。道伸有二男聖任、聖偉。

公諸孫以公宅兆不利，將用今年十月，移葬于舊墓東岡午向原，而夫人祔焉。銘曰：

詩歌《崧高》，不顯申伯！
外家有賢，王國之福。
赫奕金公，太母其姊。
單我忱誠，惟國之以。
榮祿加身，惕若探湯。
濯龍之戒，臣或敢忘？
囊封炯炯，神質余衷。

莫謂無年，高朗令終。
王曰予舅，股肱心膂。
予方倚信，天奪胡遽？
恩言孔昭，良史有筆。
刻銘玄石，我最其實。

## 成均進士、贈吏曹判書金公墓誌銘【幷序】

今兵曹判書金公聖應旣貴，朝家推恩於其皇考進士公，累贈至吏曹判書。金公乃以公幽室之石屬瑗爲識。

公諱道泳，字子游，清風人也。大父清風府院君忠翼公諱佑明，而工曹判書諱錫衍第三子也。判書公娶咸從魚氏，郡守諱尙儁之女，以崇禎後辛亥二月十一日生公，而仲父漢城府左尹諱錫翼卒無嗣，肅宗命以公繼之。左尹公之配坡平尹氏，軍資監正諱悏之女也。

公重厚淳慤，事父母友兄弟，能盡其誠。年甫十歲，魚夫人當冬而娩，預具樵蘇以煖室，聞者異之。及長謙謹自飭，與諸弟同室，學甚勤。性喜澹泊，被服儉素，人不知爲綺紈子弟也。

己卯成進士，翌年四月十七日疾不起，得年僅三十。葬于楊州金村先塋下某坐之原。

公配海平尹氏，別檢諱夏明女。生二男一女：男長聖厦都事，爲族父正郞道淵後；次卽聖應，用武科進，爲國信臣；女適奉事李壇。都事一男二女：男最默；女適趙湛、韓民敎。判書三男三女：男長時默進士，出承淸風公祀；次持默；女適李憲鎭；餘皆幼。

嗚呼！瑗家與金氏有累世之好，而公實吾先妣之內弟，居又比隣也。吾先考海昌公嘗弟畜公，而吾本生考正郞公又與公童丱共治文事，相得甚驩。公沒而皆爲文哭之甚哀，旣久而悼惜不已，語人輒字曰："惜也！某甫若在，必世其家者也。"瑗雖不及公，於公之賢，蓋耳習焉，是可以銘也夫。銘曰：

純慤之質，卑謙其守。
弗祿于身，遺羸厥後。
我銘在石，以詔永久。

著者 **吳瑗**

1700(肅宗26)~1740(英祖16). 朝鮮 後期의 文臣으로 本貫은 해주(海州), 字는 伯玉, 號는 月谷이다. 祖父는 吳斗寅, 生父는 吳晋周, 生母는 金昌協의 딸이며, 海昌尉 吳泰周와 明安公主에게 입양되었다. 李縡의 妻姪이며 弟子이다. 1728年(英祖4) 庭試 文科에 壯元及第하였으며 文學으로 名聲이 높았다. 南有容, 李天輔, 黃景源과 더불어 英祖代 四家로 꼽히며 이들과 친밀하였다. 老論의 嫡統으로서 蕩平策을 반대하였으며, 王에게 聖學의 긴요한 任務를 條目을 들어 밝히고 聖德의 문제와 時政의 잘잘못을 거론하였다. 淸要職을 두루 거치고 江華 留守, 弘文館 大提學, 工曹 參議 등을 지냈다. 死後에 아들 吳載純의 현달로 左贊成에 추증되었다. 그의 文章은 淸絶하다는 評을 들었다. 著書로 《月谷集》이 있다. 諡號는 文穆이다.

校勘標點

**朴在錦**

1953년 釜山에서 태어났다. 梨花女大 國文科를 卒業하고 同大學院에서 漢文學을 공부하여 〈無衣子 慧諶의 詩 研究〉로 博士學位를 받았다. 현재 梨花女大 韓國文化研究院 研究教授로 在職하고 있다. 〈고려후기 偈頌을 통해 본 禪과 일상〉 등의 논문과 著書《韓國 禪詩 研究》가 있고, 飜譯書로는《臥薪嘗膽의 마음으로 日本을 기록하다(元重擧의 和國志)》,《瀋陽狀啓》,《江漢集》(共譯) 등이 있다.

**李恩英**

1965년 충북 음성에서 태어났다. 梨花女大 國語國文學科를 卒業하고 同大學院에서 〈朝鮮 初期 祭文 研究〉로 博士學位를 받았다. 民族文化推進會 國譯研修院 研修部·一般研究部 과정을 卒業하였다. 현재 梨花女大 韓國文化研究院 研究教授로 있다. 著書에《祭文, 樣式的 슬픔의 美學》·《禮와 情의 調和와 變奏》, 共譯書에 洪吉周 文集《峴首甲藁》·《縹礱乙幟》·《沆瀣丙函》과《譯註 佔畢齋集》,《江漢集》 등이 있다.

**洪學姬**

1965년 서울에서 태어났다. 梨花女大 國語國文學科를 졸업하고 同大學院에서 〈栗谷 李珥의 詩文學 研究〉로 博士學位를 받았다. 현재 梨花女大 韓國文化研究院 研究教授로 在職하고 있다. 〈韓國 道學詩 研究의 몇 가지 問題〉·〈18~19世紀 成海應 집안 女性들의 삶〉 등을 著述하였으며,《富士山 琵琶湖를 날듯이 건너(成大中의 日本錄)》·《19세기·20세기 初 女性生活史 資料集 1》,《江漢集》 등을 번역하였다.

圈域別據點研究所協同飜譯事業 研究陣

研究責任者 **金東俊**(梨花女子大學校 國語國文學科 教授)
校閱 **金東柱**(傳統文化研究會 國譯委員)
責任研究員 **朴在錦**(梨花女子大學校 韓國文化研究院 研究教授)
**李恩英**(梨花女子大學校 韓國文化研究院 研究教授)
**洪學姬**(梨花女子大學校 韓國文化研究院 研究教授)

校勘標點

# 月谷集2

吳瑗 著 | 朴在錦·李恩英·洪學姬 校點
初版 1刷 發行 2019年 12月 31日
編輯·發行 학자원 | 登錄 2011.4.6. 第2011-14號
住所 (05355) 서울市 江東區 千戶大路 1121
電話 02-6403-1000 | 팩스 02-6338-1001 | 이메일 hakjaone@daum.net


값 30,000원
ISBN 979-11-6247-163-0 94810
979-11-6247-103-6 (세트)